京都ひろいよみ Vol.2

京都新聞ダイジェスト

新聞を広げて、記事を拾い読みをする。あちこちの町で祭りや催し、歴史もの、人の話題があり、季節の移ろいを感じます。

頭の中での散歩です。角を曲がって祭礼の神輿に出くわし、思わぬところで史跡の発掘を目撃したりします。新聞を読みながら、京都巡りをしているようなものです。

毎日毎日の拾い読みから、いろどりよくセレクトして、ダイジェストにしてみました。コンパクトに手に持てて、さらに気ままに拾い読みできるようにしました。

新聞の町ダネですから、いわゆる京都ガイド本とはおもむきがちょっと違います。まちに寄り添っています。

この1冊の中で、京都のあちこちを歩いていけば、いつしか、ささやかな「京都通(つう)」になっていたりして。

目次

「京都ひろいよみ　京都新聞ダイジェスト」（年２回発行）

◎本冊子は、京都新聞の過去半年分の記事より抜粋し、再編集してまとめたものです。掲載記事につきましては編集部で議論のうえ選定を行いました。限られた誌面でなるべく多くの記事を載せるようつとめましたが、紙面の都合上すべてを掲載することはできませんので、掲載を見送った記事も多々ございます。今後の誌面にて順次ご紹介していく予定です。
◎各記事冒頭に記載した日付は、京都新聞の掲載日付です。実際の開催日などの日付とは異なります。
◎記事中の企画展示や催しについては会期が終了しているものも含みます。
◎記事内容（年齢、肩書などを含む）については原則、掲載当時のままとしておりますが、一部修正を加えたものもあります。

10月

10月3日(火)付

伝統のずいき神輿学ぶ　北野天満宮で地元の小学生

色とりどりの食品で飾られた「ずいき神輿」を見学する小学生たち（京都市中京区西ノ京・北野天満宮御旅所）

10月5日(木)付

中秋の名月　水面に揺れて…　大覚寺・大沢池　舟浮かべ観月の夕

中秋の名月にあたる4日、京都市右京区の大覚寺で月を観賞する催し「観月の夕べ」が始まった。観光客たちは境内の大沢池に浮かべられた舟に乗り、秋夜にくっきりと映える月をめでた。

大沢池は、平安期に嵯峨天皇が貴族や文人とともに月見をした名所とされる。催しは、同寺が中秋に合わせて毎年企画している。

心地良い秋風の中、東の空に姿を現した月は幻想的な輝きを放った。池には竜や架空の鳥「鷁(げき)」をかたどった舟が浮かべられ、乗客は水面に揺れる月影を楽しんだ。茶席や僧侶による法会もあり、大勢でにぎわった。

母親と訪れた大阪市のアルバイト植木彩菜さん（23）は「虫の声を聞きながら、ゆったりとした時間を過ごせた」と話していた。

幽玄に光る中秋の名月の下、水面をゆっくり進む屋形船（京都市右京区・大覚寺大沢池）

10月5日（木）付

菊鉾の棹　半世紀ぶり修復
東山・粟田祭の神幸祭

10月に行われる粟田祭（京都市東山区）の神幸祭・剣鉾巡行に参加する「菊鉾」の棹が、半世紀ぶりに修復された。漆塗りに螺鈿で装飾を施した華やかな棹で、今年は先端につける鉾先や神額などとともに完全な姿で巡行に参加し、祭りに彩りを添える。

修復を終えた棹を立てる剣鉾の差し手（京都市東山区）

菊鉾は同区堀池町が保管する鉾で、江戸時代初期に新造された記録が青蓮院に残されている。近年は巡行には加わらず、祭りには飾り部分のみを町内の家で展示する「居祭り」の形で参加してきた。

居祭りをするようになったころから棹の所在は不明で、昨年に町有倉庫で見つかった際には１９６５年の新聞紙で巻かれたままだった。本年度の町内会長を務める前田正弘さん（42）は「この年が、巡行に参加した最後の年だったのかも」と推測する。菊鉾は一昨年の巡行から久しぶりに参加したが、棹は別のもので代用していた。

見つかった棹は、細かな螺鈿を全体に施した華やかな造りだが螺鈿の剥落が激しく、町内在住で伝統工芸士（京漆器・加飾部門）の兼松俊明さん（64）に修復を依頼。兼松さんが剥落したところを貼り直すなどして9月下旬に完成した。

23日には町内で修復奉告祭を実施、棹に飾りをつけた形で差し初めをした。古いものだけに強度に不安があったが、新たな剥落もなく無事に町内を練り歩いたことから、10月9日の神幸祭には修復した棹で参加することにした。

螺鈿の棹が空を突く姿を差し初めで初めて見た前田さんは「町内で大事にしてきた棹で祭りに参加できることになり感無量。きらきら輝く姿を多くの人に見てほしい」と話している。

10月7日（土）付

観音像　元は来迎菩薩か
たなびく着衣…痕跡　平等院

平等院（宇治市宇治）は6日、塔頭の浄土院に伝わる木造聖観音菩薩立像（平安時代後期）について、制作当初は珍しい来迎菩薩立像だった可能性が高いことが分かった、と発表した。死者を迎えに行く姿の来迎菩薩としての特徴が、修理の過程で見つかった。

聖観音菩薩立像は高さ１０９センチで、文化財の指定は受けていない。近世の史料には「関白頼通卿本尊」と記される場合もあり、平等院を創建した藤原頼通との関連をうかがわせる。

２０１５年から公益財団法人美術院（京都市下京区）で修理と詳細な調査をしたところ、たなびいた着衣の形や、背中に髪がかかっていた痕跡を確認した。前方から風を受ける様子を表しているとみられる。

現在は直立姿勢だが、左足を一歩踏み出している造形から本来は前傾姿勢だったことも分かった。また現状は左手に蓮華を持っているが、脇の角度から、両手を前方に突き出していた可

（写真右）当初は来迎菩薩立像だった特徴や痕跡が見つかった聖観音菩薩立像（宇治市宇治・浄土院）
（左）来迎菩薩立像の想定復元図＝平等院提供

能性があるという。

後世の修理などで形状が変わったとみられ、元は魂を乗せる蓮台を両手に持ち、雲に乗って死者を迎えに行く来迎菩薩だったと推定した。立像の来迎菩薩は制作に高い技術力が必要なため例が少なく、修理を担当した美術院の木下成通技師は「当時の一流の腕を持つ人物が彫ったのでは」とする。

来迎菩薩は、阿弥陀如来と一緒に安置される場合が多い。鳳凰堂の本尊、阿弥陀如来坐像（国宝）の横にあった可能性もあり、平等院の太田亜希学芸員は「鳳凰堂の空間としての意義付けにも影響する。今後も研究を続けたい」と話す。

調査結果を踏まえ、当初の来迎菩薩としての姿を想定した復元図を作成した。一方、これまでに何度も修理が重ねられ、当初の姿を再現するのは難しいことから、仏像自体は聖観音菩薩立像として復元した。

10月７日（土）付

戦争遺児靖国参拝／祇園まつり音頭
60年前の京都ニュース

京都市内の映画館で、かつて「京都ニュース」という数分間の映画が本編前に上映されていた。その原版フィルム４５０本超が市歴史資料館（上京区）に残っており、保存活用へ関心を持ってもらおうと、12～15日の京都国際映画祭で無料上映される。戦争で父親を亡くした遺児による靖国神社への集団参拝や、「祇園まつり音頭」の発表会など、約60年前のさまざまな京都が鮮明に映っている。

１９５６～94年の38年間、京都市の委託を受けた京都広報協会が毎月１～２本、35ミリフィルムで撮影。１本の中に五つ前後の話題を収めていた。

例えば56年夏の映画には、宝ケ池での花火大会や五山の送り火などとともに特集「靖国の遺児　東京へ」を収録。戦争遺児の市内の６年生５００人が特別列車で京都駅を出発し、靖国神社を参拝、東京観光を楽しむ姿が紹介されている。

57年夏の映画には、島倉千代子さんが歌う「祇園まつり音頭」の発表会が収録され、「姉三六角蛸錦、祇園囃子がコンチキチン」という島倉さんの歌声に合わせて、模範の踊りを輪になって披露する浴衣姿の女性たちが映っていた。

今回は56～57年の17本をＤＶＤ化して上映。このほか京都駅周辺の高架工事、叡山ロープウェイ開通など整備が進む交通インフラの話題、高校野球の京都府予選、中村錦之助さんら映画スターの動向などもある。

上映を企画した「おもちゃ映画ミュージアム」（中京区）の太田米男館長（68）によると、資料館にはフィルム保存に適した低温倉庫がなく、このままでは酸化が進んで将来的に上映が難しくなる恐れがあるという。一部は十数年前にデジタル化されたが、まだ未整理で収録内容も不明なフィルムも多く、「戦後の京都を映した貴重な文化資料。保存活用へ機運を高めたい」と話す。

（写真右）靖国神社集団参拝に向け、京都駅を専用列車で出発する戦争遺児たち（1956年夏の「京都ニュース」より）
（左）祇園まつり音頭を歌う島倉千代子さん（中央）＝1957年の「京都ニュース」より

10月8日（日）付

豪快「炮烙割」 観客から歓声 「壬生狂言」秋の公演

国の重要無形民俗文化財「壬生狂言」の秋の公演が7日、京都市中京区の壬生寺で始まった。素焼きの皿を豪快に割る「炮烙割」などが演じられ、小雨の降る中にもかかわらず集まった観客から歓声が起こった。

炮烙割は、市場への出店をめぐって太鼓売りと炮烙売りで争いになる様を描いている。笛や太鼓の音に合わせてひょうきんな所作を見せ、時に会場から笑いを誘った。最後の場面では、太鼓売りが約3メートルの高さの舞台から炮烙を次々と落とした。砂煙がしばらく消えないほどの迫力に、観客からは歓声と拍手がわき起こった。

壬生狂言は約700年前に、円覚上人が仏の教えを分かりやすく説くために始めたと伝わり、「壬生さんのカンデンデン」の愛称で親しまれている。有料。

舞台から豪快に炮烙を落とす壬生狂言の演者（京都市中京区・壬生寺）

10月8日（日）付

芸舞妓優雅に 愉快な踊り 上七軒寿会・前夜祭

寿会の前夜祭で華やかな舞を披露する芸妓（7日午後2時8分、京都市上京区・上七軒歌舞練場）

10月9日（月）付

大燈呂 秋夜きらめく 東山・粟田神社

京都市東山区の粟田神社一帯で8日夜、動物や歴史上の人物をかたどった大型の灯籠「大燈呂」11基が練り歩く「夜渡り神事」が行われた。電飾に彩られた巨大な灯籠が夜の大通りを照らし出した。

夜渡り神事は同神社の祭礼「粟田祭」の一つ。大燈呂は青森県の祭り「ねぶた」のルーツとも言われ、大きいもので高さが5メートルある。江戸時代以降途絶えていたが、2008年に京都造形芸術大の学生が制作に参加することで復活した。

午後6時に同神社を出発し、約15分かけて知恩院黒門前に到着。同神社の神職らが祝詞を上げ、知恩院の僧侶らが読経した。

復活10年目を記念して作られた「粟田大燈呂」の大型提灯を先頭に、今年と来年のえとの鶏や犬、地元ゆかりの源義経などの大燈呂が神宮道や三条通、東大路通などを進んだ。

電飾で色鮮やかに輝く大燈呂（京都市東山区・知恩院前）

10月9日（月）付

勤皇山国隊 堂々の行進 右京・京北でさきがけフェスタ

京都市右京区京北の山国神社周辺で8日、第22回「山国さきがけフェスタ」（同実行委主催）が催され、京の時代祭行列で先頭を務めた維新勤皇山国隊の行進や同神社の例祭が営まれ、多くの見物客でにぎわった。

山国地区は古代から皇室とゆかりが深く、神社は都の用材産地だったこの地の守護神として建立された。戊辰戦争には郷士が勤皇山国隊を結成して参加。この故事にちなんで、山国隊が１８９５（明治28）年の第１回時代祭から大正時代のころまで行列の先頭を務めた。現在は保存会が中心となって往時の姿を再現している。

隊長をはじめ鼓笛隊や鉄砲隊など地元の約60人が当時の衣装を身につけ鼓笛に合わせて行進。続いて屈強な若者らが大きなみこしを上下に揺らしながら地区内約10キロの行程を威勢良く練り歩いた。

参道にはふるさと産品などを販売する露店が並び、イモ掘りやコスモスの花摘み体験も催され、家族連れらが秋の一日を楽しんだ。

山国神社を出発する維新勤皇山国隊（京都市右京区京北）

10月11日（水）付

クローデル戯曲を新作能に 関西日仏学館90年記念

関西日仏学館（現アンスティチュ・フランセ関西、京都市左京区）の創立90周年を記念して、フランスの劇作家ポール・クローデル（１８６８〜１９５５年）の戯曲を原作にした新作能「面影」が29日、初演される。京都の金剛流宗家・金剛永謹（ひさのり）さん（66）が主演（シテ）、和歌を伝える冷泉家時雨亭文庫の冷泉貴実子さん（70）らが詞章を監修し、フランスと京文化の凝縮した能舞台を目指す。

ポール・クローデル

冷泉貴実子さん

日仏の文化交流を進める同学館は、駐日仏大使だったクローデルの提唱を受けて創立した。今回、関係者の薦めもあり、クローデルが戦前に手掛けた戯曲「女と影」を基にした新作能の準備を2年前から進めていた。

物語は、武士の目前に亡くなった先妻の亡霊（永謹さん）が現れ、後妻の姿と重なり合っていく―という展開。１９２３年に歌舞伎の舞踊劇で上演され、パリではバレエとして好評を得た記録があるが、クローデル自身は同作を「私の能」と呼んだという。

新作能「面影」の稽古。永謹さん演じる先妻の亡霊（左）と、後妻の姿が重なる（京都市上京区・金剛能楽堂）

永謹さんは「歌舞伎では怪談のように写実的な演出をしたようだが、能では内面世界を表す抽象表現が求められる」とする。世阿弥が和歌の勉強を重んじたこともあり、詞章の監修を冷泉さんに依頼した。

冷泉さんが能の詞章を監修するのは初めて。特に難しかったのは、戯曲に出てくる桃の花と蝶（ちょう）の解釈という。「何を暗示するのか研究者の方に聞いても分からず、春をイメージしていると独自に考えた。先妻の霊と後妻が重なる場面は春、最初と最後に武士が一人いる場面は秋と捉え、春の場面は夢のように見えるようにした」（冷泉さん）

藤原定家の和歌を盛り込むなど、春と秋の季節感とともに「先妻への武士の永遠の思慕が面影として残る」という主題を表した。現在、稽古を重ねており、永謹さんは「人間の愛の難しさのようなものがにじめば」と話す。

10月12日（木）付

石清水の造営　松花堂昭乗関与
小堀遠州宛て書状で確認

長浜市は5日、現在の同市小堀町出身で茶道や造園に通じた大名の小堀遠州（1579～1647年）に石清水八幡宮（八幡市）の社僧、松花堂昭乗が宛てた書状を確認した、と発表した。同宮の社殿造営に昭乗が関わったことなどがうかがえるとしている。

◆「和歌を通じて交流」

書状は縦28センチ、横38センチで、江戸初期の1632（寛永9）年10月15日付とみられる。遠州の所領だった同市上野町にある菩提寺の孤篷庵が所蔵しており、同市歴史遺産課の太田浩司学芸員らが内容を確認した。

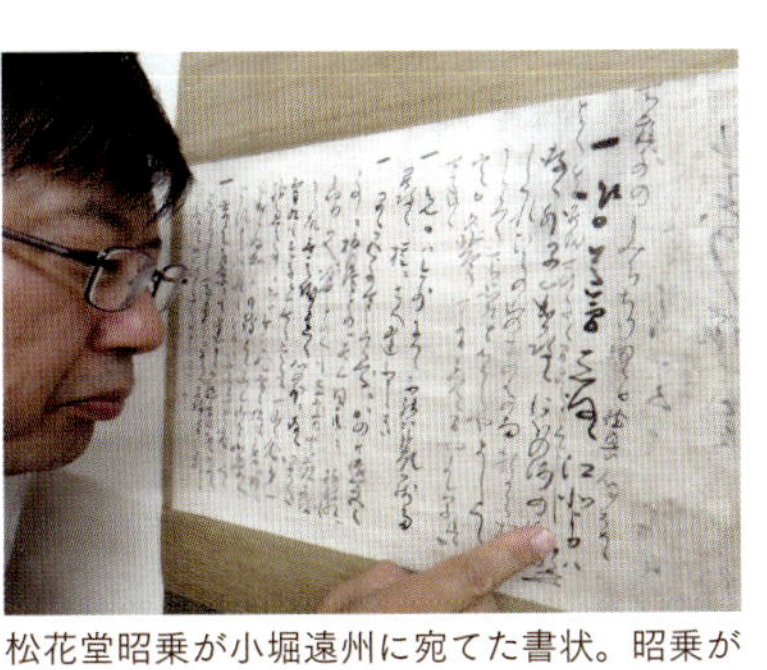
松花堂昭乗が小堀遠州に宛てた書状。昭乗が石清水八幡宮の造営に関わったことなどが記されている＝長浜市公園町・長浜城歴史博物館

昭乗は「寛永の三筆」の一人として知られ、茶を通じて遠州と親交があった。

書状で昭乗は、遠州からの便りへの返信が遅れたことをわびた上で、理由を「石清水八幡宮の造営について、京都所司代の板倉重宗と淀城主の松平定綱、公家の一条兼遐（かねとお）らと折衝した」ためと記している。

当時の造営は、三代将軍家光による「寛永の造営」として知られ、その際にできた社殿は国宝指定されている。

昭乗について詳しい松花堂庭園・美術館（八幡市）の川畑薫主任学芸員は「昭乗が造営に関わっていたことが初めて確認できた。同宮の歴史にとって意義深い」と話している。

また昭乗は、遠州が所領を訪れていたことを知って「琵琶湖や比良山を見てどんな歌を詠んだか教えてほしい」と書いており、太田学芸員は「和歌を通じて両者が交流していたことが分かる」としている。

10月13日（金）付

「武内山」見送幕210年ぶり新調
亀岡、祇園祭関係者が錦織寄贈

丹波の祇園祭ともいわれる亀岡祭の山鉾の一つ「武内山」の見送幕が210年ぶりに新調された。伝来品の傷みを心配した祇園祭山鉾連合会顧問の吉田孝次郎さん（80）が中国・清の時代の錦織を寄贈し、新たな幕に仕立てた。関係者は「祇園祭が縁をつないでくれた。山鉾に飾られた姿が楽しみ」としている。

亀岡祭は室町時代に始まり、一時は廃れたが江戸時代に再興した。懸装品で飾られた山鉾11基が本祭の今月25日に亀岡市中心部を巡行する。

武内山の見送幕は、17世紀末の中国・明の時代に作られたものを1807年に住民が購入したと伝わる。珍しい品だが2世紀余り使い続けてきたため傷みが著しく、修復は困難とされていた。

吉田さんは亀岡祭の懸装品に関心を持ち、30年ほど前から調査している。かねて武内山の見送幕の行く末を気に掛け、80歳になるのを機に昨秋、所有していた歴史的な錦織の寄贈を申し出た。

寄贈された中国・清代の錦織で新調された「武内山」の見送幕（亀岡市紺屋町）

紺地に昇り龍の図柄が精緻に織られており、吉田さんは約40年前に京都市内の古物店で見つけて購入した。18世紀末から19世紀ごろ中国で織られ、官服として使われていたものという。

錦織は龍村美術織物（京都市中京区）で一部補修し、縦259センチ横182センチの幕に仕立てた。武内山の鷲見智史代表（43）は「元の幕と同じ朱に紺色が映え、大変立派で美しい。寄贈はとてもありがたい」と喜ぶ。吉田さんは「祭りのにぎわいに生かせてもらえて、喜びを感じている」と話している。

10月15日（日）付

釜堀大阿闍梨　御所で土足参内
「行者冥利に尽きる」

延暦寺（大津市）の荒行「千日回峰行」を満行した者にだけ許される「土足参内」。14日、京都市上京区の京都御所で、北嶺大行満大阿闍梨の釜堀浩元さん（43）＝延暦寺善住院住職＝が加持祈祷を終え、「行者冥利に尽きます」と振り返った。

釜堀さんは2011年3月に千日回峰行に入った。15年10月には、断食断水、不眠不臥で9日間こもる「明王堂参籠」（堂入り）の行を終え、16年からは「化他行」として自分以外の人のために修行。今年9月18日に回峰行を満行した。

この日、釜堀さんは、御所の宜秋門をくぐって3枚重ねの特別な「結草鞋」に履き替え、その草鞋を脱いで控えの間である諸大夫の間に昇殿した。

小御所では中段の間に着座し、上段の間の「玉座」に向かって加持祈祷した。千日回峰行中には、比叡山から御所に向かって国家安泰などを祈ってきた。この日の御所での祈祷について、「御簾越しではあるが、本当にありがたい」と話した。

千日回峰行を満行した釜堀さんは、土足参内で一つの区切りを迎えた。今後については「師僧に憧れて回峰行をさせていただいた。私も後の方のお手本になれるような僧侶になりたい」と抱負を語った。

小御所で玉体加持を行う大阿闍梨の釜堀さん（京都市上京区・京都御所）

土足参内を終えて、朱傘を差されて京都御所を後にする釜堀さん（京都市上京区）

10月16日（月）付

濡れて　艶めく　平安の美
嵯峨嵐山で斎宮行列

伊勢神宮へ旅立つ皇女の道中を再現する「斎宮行列」が15日、京都市右京区の嵯峨嵐山地域で催された。あいにくの雨だったが、平安時代の衣装を身にまとった約100人が大勢の観光客に囲まれながら華やかに歩いた。

斎宮は、伊勢神宮に派遣されて仕えた未婚の皇女。伊勢へ向かう前に身を清めた潔斎所が同区の野宮神社の近くにあったとされ、斎宮行事保存会が1999年から実施している。

正午に同神社を出発。十二単姿の斎宮代、吉岡美保さん（25）＝北区＝が輿に乗り、武官、女官などが歩を進めた。参道の両側には美しい竹林が広がり、小雨が降り注ぐ中、行列がゆっくりと通過。平安の風情をしのばせる光景に、観光客らが盛んにシャッターを切っていた。

行列は約2・5キロを練り歩き、渡月橋近くの大堰川（保津川）に到着。斎宮代が川の水に手を浸す御禊の儀を執り行った。

※斎宮行列は、毎年第3日曜に行われる

小雨が降る中、観光客らに囲まれ竹林を華麗に進む斎宮行列（京都市右京区）

10月19日（木）付

光の絵巻　ねねの心映す
高台寺試験投影

仏法を守る仁王などが映し出されたプロジェクションマッピングの試験点灯（京都市東山区・高台寺）

10月20日（金）付

平安末期　ガラス水滴発掘
八条院の御所付近

JR京都駅南側の京都市南区東九条上殿田町の発掘調査で、国内2例目となる平安時代末期のガラス製水滴の一部が見つかったと元興寺文化財研究所（奈良市）が19日、発表した。周囲では多様な産地の土器や、仏堂とみられる建物跡も確認された。調査地北側には当時、鳥羽天皇の皇女八条院（暲子内親王）の御所があったとみられ、八条院や周辺貴族に関連する寺院や物流拠点があった可能性があるという。

同研究所が4月から調査している。ガラス製水滴は、注ぎ口部分（長さ2センチ、幅1・5センチ）が12世紀後半の層から見つかり、青みがかった色彩を残していた。水滴は、写経などする際、硯に水を注ぐための文具（水差し）。

奈良国立博物館の吉澤悟列品室長（考古学）によると、材料は鉛を含んだガラスで、複雑な加工が難しく、中国・宋で作られたとみられるという。同様の品は、12世紀に比叡山の経塚の副納品に1例あるのみ。吉澤室長は「当時は大変希少な輸入品で、かなり高い地位の人物しか使えなかった」と推測する。

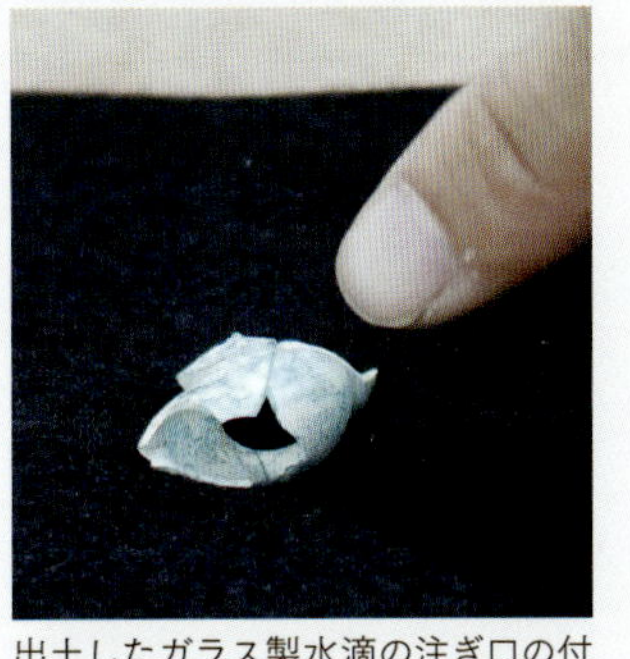
出土したガラス製水滴の注ぎ口の付け根部分（京都市南区）

ガラス製水滴の推定復元図
発見部分

京都駅
八条通
地下鉄烏丸線
発掘調査地
室町通
烏丸通
N

調査地では、中国産とみられる緑釉陶器のつぼや、東海地方の土器などの破片も多数出土した。7メートル四方の仏堂とみられる柱跡や池の跡のほか、仏堂の南側で無数の小さな柱穴が見つかった。

調査地北側の京都駅周辺は平安末期、八条院の御所があったとされる。同研究所の佐藤亜聖主任研究員は「八条院や周辺の貴族に関連する寺院で、献上品の一時保管場所か地方出身者の宿所などが併設されていたと考えられる」と話す。

龍谷大の國下多美樹教授（考古学）は「院政期は、平安京の朱雀大路から南の鳥羽院に延びる鳥羽作道を人や物が行き来したが、玄関口から離れた場所にも物流拠点があった可能性がある。不明な点が多い平安京南部の土地利用を考える上で貴重な発見だ」と注目する。

≪八条院（1137～1211年）≫
鳥羽天皇の皇女で、母は美福門院藤原得子。両親から膨大な所領を譲り受け、寄進を含めると全国に200カ所以上の荘園を有した。おいの二条天皇らを養育するなど政治的に大きな影響力を持った。

10月23日（月）付

京都の平安　神事で祈る
台風で中止の時代祭

京都三大祭りの一つ「時代祭」が台風21号の影響で中止されたことを受け、京都市左京区の平安神宮で22日、神事のみが行われ、神職や主催の平安講社関係者ら約30人が出席した。

屋根に雨が激しく打ち付ける本殿で、本多和夫宮司代務者（68）が祝詞を上げ、平安講社の朴木純一理事長（77）らが玉串をささげ拝礼した。

神事は例年、時代行列に先だって行われている。本多宮

関係者だけで行われた祭典で頭を下げる神職ら（京都市左京区・平安神宮）

司代務者は「悪天候で行列はできなかったが、滞りなく終えてほっとした。今年も京都の平安を祈ることができた」と話した。

10月23日(月)付

暴風雨に負けず大松明 鞍馬の火祭

鞍馬の火祭が22日夜、京都市左京区鞍馬本町の由岐神社一帯で営まれた。台風21号による暴風雨をものともせず、大松明は明々と炎を上げ、勇壮な掛け声が集落に響いた。

台風21号による暴風警報の中で行われた鞍馬の火祭(京都市左京区)

京都三大奇祭に数えられる鞍馬の火祭は、940年に由岐神社の祭神を御所から鞍馬に迎えた際、松明を携えた人々が列をなしたという故事に基づく。今年は台風の影響で、保存会によると初めて神輿渡御を取りやめた。

午後6時、「神事に参らっしゃれ」という呼び声を合図に、子どもらが松明を担いで練り歩き、家々のかがり火に次々と火がともった。

雨風が一段と強まってきた午後8時過ぎ、「サイレイヤ、サイリョウ」と掛け声を上げ、男衆が担ぐ大松明が鞍馬寺山門前に集結。風雨にあおられた火の粉が舞い、熱気を帯びた煙に包まれる中、男衆たちは力強く掛け声を上げて松明を掲げ、約千人の見物客(京都府警調べ)を魅了した。

10月26日(木)付

二条城障壁画 謎の「葉」 畳に隠れ、上から金箔

世界遺産・二条城(京都市中京区)の大広間を彩る重要文化財の障壁画に、人目に触れない葉が描かれていたことが分かった。畳に隠れた位置で、絵を描いた紙の上に、金箔を施した紙が貼られていた。学芸員たちは「誰が何のために描いたのか、手がかりが一切ない」と、首をかしげている。

将軍が大名らと対面するために座る「一の間」の「松錦鶏図」。3代将軍徳川家光(1604~51年)が城を大改修した際、狩野探幽が描いたとされる。

昨年度の保存修理で、障壁画最下部の細長い板に貼られた部分(縦20センチ、幅5・7メートル)を取り出したところ、下部の縁3カ所に、2~3センチの葉が7、8枚ずつ描かれていた。武家の書院造りなどにみられる意匠「帳台構」で、木枠や畳に隠れる部分という。

障壁画の内容と関連はなく、何の植物か、作者や描かれた時期も不明という。松本直子学芸員は「大改修の際、転用した板にもともと描かれていたかもしれないし、絵を描く途中で構図を変更した可能性もある」と推測する。

(写真右)「帳台構」の点線で囲んだ部分に描かれた葉が見つかった「松錦鶏図」(京都市中京区、二条城展示・収蔵館)
(左)保存修復で見つかった葉の絵(元離宮二条城事務所提供)

10月28日（金）付

本能寺の変、室町幕府の再興目指す？
明智光秀　教養人としての評価も

歴史上の大事件といえる本能寺の変で主君の織田信長を討った明智光秀。「謀反人」「逆臣」などと呼ばれて長年悪者扱いされているが、近年は新史料の発見や研究の進展で、理想を追い求めた教養人との評価も加わっている。光秀が平定し、城下町を築いた丹波地方では、優れた行政手腕や文人としての才能が注目されている。光秀にゆかりのある自治体がまちづくりに活用する動きも活発化している。

信長に辱められて仕返しする怨恨（えんこん）説、天下取りの野望説、何者かに操られた黒幕説…。「日本史最大のミステリー」ともされる本能寺の変を巡っては、さまざまな説が唱えられてきた。近年は多角的な研究が進み、光秀がかつて仕えた室町幕府の再興を目指したとする説が急浮上している。

1582年6月2日早朝。京都の本能寺は、丹波の亀山城（亀岡市）から急襲した光秀軍約1万3千人に取り囲まれた。信長は自ら寺に火を放ち、自害したとされる。

その後の光秀の動きに背景を読み解く鍵があった。今年9月に岐阜県美濃加茂市の美濃加茂市民ミュージアムで、変の10日後に光秀が反信長派のリーダー格だった紀州の土豪に宛てたとされる「土橋重治宛光秀書状」の原本が見つかった。

その中に、信長に追われた将軍足利義昭を再入洛させるために協力を求める記述があった。三重大の藤田達生教授（日本史学）の鑑定で、義昭入洛の際は「将軍の命に従い協力することが大切です」とあった。元は義昭に仕えていた光秀とすれば不自然ではない。

3年前に岡山市の林原美術館で発見された「石谷家文書」には、四国の長宗我部氏への信長の圧力に関する文言があった。四国攻めに備える信長に対し、長宗我部氏との交渉担当だった光秀は面目を失い、進退窮まり変を起こしたとする「四国説」が注目された。

藤田教授は「光秀は長宗我部氏らと義昭を奉じ、室町幕府を再興する政権構想を抱いていたのではないか」と分析する。

近年の研究では、各地の武将との関係性を踏まえた論考が相次ぎ、人気を集めている。「本能寺の変431年目の真実」の著者で明智家の子孫という明智憲三郎さん（70）は「孤立無援で切羽詰まった光秀としては、誰でも味方につけたかったのでは」とみて、室町幕府再興説に否定的だ。百家争鳴の論争の行方は果たして…。

明智光秀を描いたと言われる肖像画（本徳寺蔵）

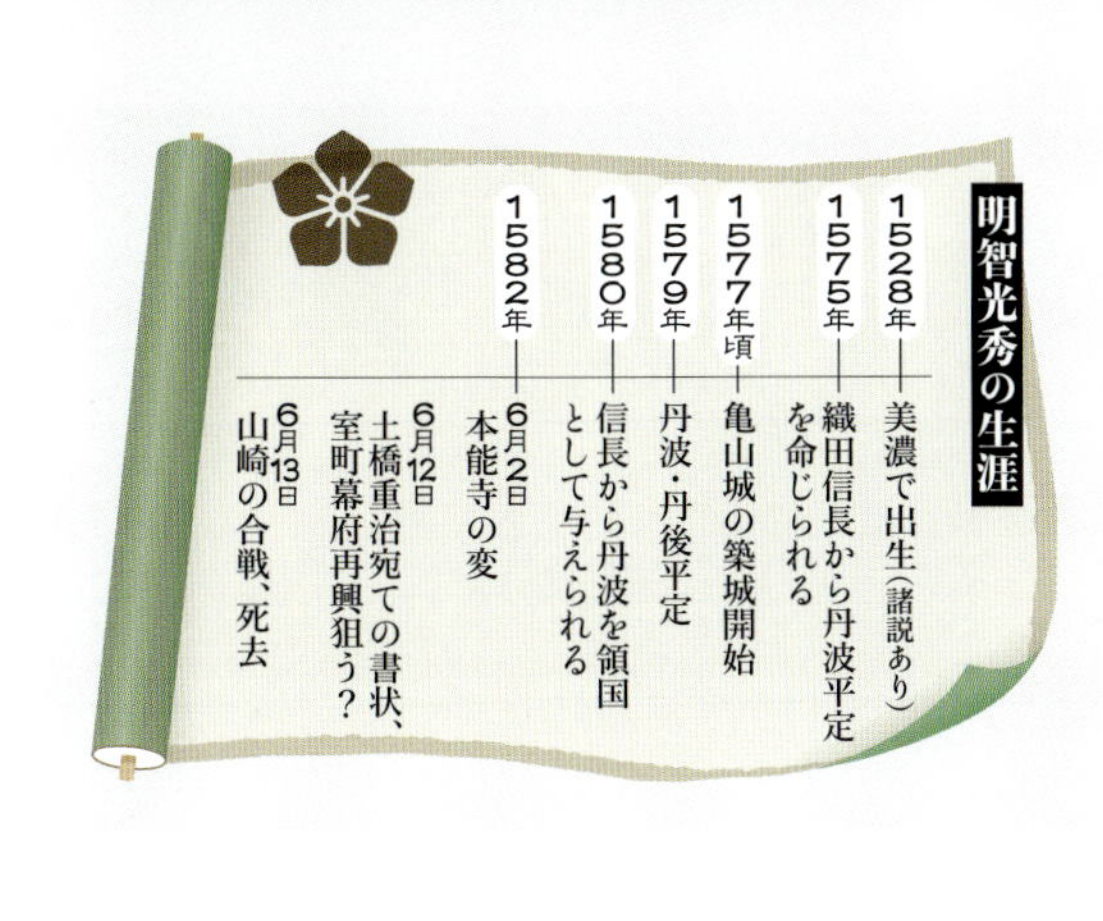

10月26日(木)付

実りに感謝　稲を収穫
伏見稲荷大社「抜穂祭」

実りに感謝しながら鎌で刈り取りする奉耕者たち(10月25日、京都市伏見区・伏見稲荷大社)

10月30日(月)付

京のNPO　コンゴ支援10年
清水寺、継続的寄付決める

認定NPO法人「テラ・ルネッサンス」(京都市下京区)がアフリカ・コンゴで紛争被害者の支援活動を本格的に始めて今年で10年を迎えた。女性や元子ども兵の職業訓練に取り組むが現地の政情は不安定で、長期的な支援がなお必要。活動資金は寄付中心で、このほど清水寺(東山区)からの継続的な寄付が決まった。同NPOは「女性の洋裁技術の習得に役立てたい」としている。

コンゴは豊富な天然資源を巡る権益争いを背景に紛争が長年続き、現地住民の生活が破壊された。特に性暴力が横行し、女性が過酷な状況に追い込まれてきたという。

コンゴでの活動は、2006年に現地NGOと連携し、不法小型武器の回収を呼び掛けたのが最初。07年には本格的な支援を始め、自給食料の確保をはじめ、女性の洋裁技術や元子ども兵の溶接技術の習得支援に取り組んでいる。洋裁店や溶接所の開設をサポートし、一定の収入確保にもつながってきた。

テラ・ルネッサンスの支援で洋裁技術を習得するコンゴの女性たち。寄付は、洋裁店開業などに充てられる＝テラ・ルネッサンス提供

清水寺とは、国際協力について考えるイベント「清水寺で世界を語る」で毎年、メンバーが実行委員長を務める縁で親交を深めてきた。昨年、東日本大震災復興にと初めて寄付を受け、同NPOが取り組む岩手県大槌町の復興プロジェクトに役立てた。今夏に同寺から継続的な支援を提案され、コンゴでの活動に対し、今後5年間で250万円の寄付を得られることが決まった。洋裁店を開く資金が確保でき、自立支援がより可能になるという。

法人支援担当の藤森みな美さん(29)は「長期的な支援が必要ななか、継続した寄付はありがたく、現地スタッフの励みにもなる。日本であまり報道されないコンゴの情勢を多くの人に知ってもらいたい」と話す。

10月30日(月)付

和歌で「雲」　道真にささげ
北野天満宮・余香祭

北野天満宮(京都市上京区)で29日、祭神で詩歌の神様としても信仰を集める菅原道真に和歌をささげる「余香祭」が催された。

道真が太宰府に流された際、醍醐天皇から贈られた衣の香りで都を追想して詠んだ漢詩「重陽後一日」にちなんだ祭り。1919年の10月29日(旧暦9月9日)から毎年行っている。

今年の兼題は「雲」。全国から寄せられた和歌の中から、有斐斎弘道館(同)の濱崎加奈子館長が当日の献詠歌を選んだ。

菅原道真を祭る本殿で和歌を詠み上げる向陽会会員ら(京都市上京区・北野天満宮)

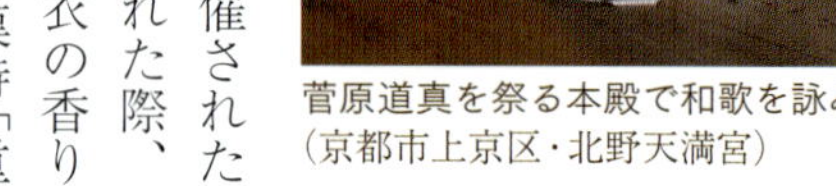

祭りでは、本殿で歌の会「向陽会」(冷泉為弘会長)の会員6人が烏帽子と狩衣姿で車座になり、計12首の和歌を詠んだ。一首一首、綾小路流の節回しで詠み上げ、道真の偉功をしのんだ。

11月

11月11日（土）付

輝く再生の軌跡 修復中の清水寺ライトアップ

ライトアップで、幻想的に浮かび上がった修復工事中の本堂（京都市東山区・清水寺）

11月19日（日）付

紅の波　人の波　東福寺

紅葉シーズンのピークを迎えた18日、京都市内は朝から雨が降るぐずついた空模様となった。それでも各地の観光名所では、深まる秋色を求めて多くの行楽客でにぎわった。

東山区の東福寺では、八分に色づいた約2千本のモミジが、雨にしっとりとぬれ鮮やかさを増した。午前8時半の拝観受付を待ち約200人以上が列をつくった。境内の渓谷にかかる通天橋をゆっくり進み、眼下に広がる赤や黄色に染まった紅葉を楽しんだ。川崎市から夫婦で訪れた前田卓也さん（66）と恵子さん（70）は「見事な風景。小雨の紅葉も良かった」と笑顔をみせた。

小雨の中、通天橋から一面に広がる紅葉を楽しむ参拝者（18日午前9時58分、京都市東山区・東福寺）

11月1日（水）付

楼門、朱色まばゆく
北区・上賀茂神社修理終わる

京都市北区の上賀茂神社は31日、重要文化財の楼門の修理が終わったことを祝い、くぐり初めを行った。田中安比呂宮司（75）や、今年の葵祭でヒロインの斎王代を務めた富田紗代さん（19）らが、朱色に輝く楼門をくぐった。

楼門は2層入り母屋造りの檜皮（ひわだ）ぶきの木造建築物。本殿への正門に当たり、江戸時代前期の寛永5（1628）年に造られた。同神社で朱色の塗装が施されている建物は、楼門とその周囲の回廊だけという。

前回の屋根のふき替えから40年以上が経過して檜皮が耐用年数を超え、周囲の塗装の傷みが著しい状態だった。第42回式年遷宮に合わせた事業として、昨年から屋根のふき替えと色の塗り直しを行っていた。

この日は約70人が参列。おはらいや除幕に続いて、雅楽の調べが奏でられるなか、十二単（ひとえ）姿の富田さんたちが門をくぐった。この後、修理の完了を祝って餅まきがあった。夜間には提灯行列もあった。

田中宮司は「修理を終えて鮮やかな色彩が境内に映えます。一層華やかになりました」と話した。

鮮やかな朱色の楼門をくぐる斎王代ら（京都市北区・上賀茂神社）

11月2日（木）付

「三番叟」で格調高く
祇園をどり、60回目開幕

京都の花街、祇園東の公演「祇園をどり」が1日、京都市東山区の祇園会館で始まった。芸舞妓が、60回目の節目を祝う舞や、東山の四季の風情をあでやかに描いた演目を披露し、観客を魅了していた。

芸妓4人による格調高い祝舞「三番叟（さんばそう）」で開幕。全6景の演目「雪月花東山風情」と続き、「白川の鷺（さぎ）」では、サギが雪の中で優雅に羽ばたく様子を表現した。「八坂の桜」では、咲き誇る桜の映像と、花見の娘たちの踊りを組み合わせた演出で、春の華やかさを際立たせていた。

フィナーレは、色鮮やかな紅葉の絵を背景に、芸舞妓17人が総踊り「祇園東小唄」を舞い、客席から大きな拍手が送られた。

フィナーレの祇園東小唄で、あでやかに踊る芸舞妓たち（京都市東山区・祇園会館）

11月7日（火）付

コガタノゲンゴロウ　京都府の
絶滅寸前種　京都市北部で確認

総合地球環境学研究所（京都市北区）は、京都市北部で絶滅危惧種とされている水生昆虫「コガタノゲンゴロウ」を1匹確認した。6年前に南山城村で発見されて以来で同研究所は「周辺で生息に適した環境が減っているため早急な保全対策が必要だ」と指摘している。

見つかったのはコガタノゲンゴロウの雄で約2・9センチ。市北部の池で確認された。普通のゲンゴロウよりも小さいのが特徴

京都市内で見つかったコガタノゲンゴロウ（総合地球環境学研究所・上原佳敏研究員提供）

で、市内でもかつては普通種だったが、現在は南西諸島以外ではほとんど見られない。「京都府レッドデータブック２０１５」にも記載され、府では絶滅寸前種とされている。

同研究所の奥田昇准教授（生態学）は「コガタノゲンゴロウの発見で地域の自然を見直す機会になる。数キロは飛べるので発見場所の近くに繁殖場所があるのかもしれないので調査したい」と話している。

11月８日（水）付

光秀ゆかりの大イチョウ
（亀岡市荒塚町）

濃い緑をたたえる亀岡市荒塚町の旧亀山城の本丸跡に大イチョウがひときわ高くそびえる。初代城主の戦国武将明智光秀と関わりが深く、亀岡音頭に歌われるなど、光秀とともに市民から慕われている。

光秀は主君の織田信長に命じられた丹波平定のため、1577（天正５）年ごろに亀山城の築城を始めた。５年後に本能寺の変を起こして信長を討つまで城主を務めた。

イチョウは天守跡に続く石段を上った高台に植わっている。1996年の調査では、高さは20メートル、地上から１．２メートルの高さの幹回りは３．１メートルだった。大きな枝は秋になると、ぎんなんをたわわに付ける。

初代のイチョウは光秀が手植えしたと伝えられる。だが、江戸時代中期に台風で倒れ、若木を植え替えたとの記録が残るという。城は明治維新の廃城令で取り壊された。1919（大正８）年に宗教法人大本が城跡を取得して石垣などを復元したが、35年の大本弾圧で再び壊されてしまった。

大本本部亀岡宣教センター総務課は「イチョウは城の歴史を見届けてきた証人。光秀に代わって今も高台の上からまちを見守ってくれている」と話す。イチョウの場所は大本の禁足地に当たり、入ることはできない。人けのない神域にそびえ、まちの歴史を刻み続ける。

アクセス／ＪＲ亀岡駅から徒歩約10分。旧本丸は大本が神域としているため、入るにはおはらいを受ける必要がある。

（連載「古木は語る」より）

（写真右）旧亀山城の本丸跡にひときわ高くそびえる明智光秀ゆかりの大イチョウ（亀岡市荒塚町）＝大本本部提供
（左）現在は大本が管理している亀山城跡

11月14日（火）付

片山東熊設計の明治のポンプ室活用策探る・山科区

京都市は、琵琶湖疏水から京都御所（上京区）へ防火用水を送っていた旧御所水道ポンプ室（山科区）の保存・活用に向け、検討を始めた。来春から疏水で観光船の本格運航が始まるため、明治期の洋館風建物の文化財価値を確かめた上で、民間による改修や利用などの可能性を探る。本年度中に活用策をまとめる。

京都市が琵琶湖疏水での観光船の本格運航に合わせて保存・活用の検討を始めた旧御所水道ポンプ室（京都市山科区）

御所水道は１９１２（明治45）年、宮内省が敷設した。蹴上の船だまり近くに設置されたポンプ室は、疏水の水をくみ上げ、近くの大日山貯水池に防火用水をためる役割を担っていたが、市が所有後の92年に取水を停止した。

有識者らでつくる懇談会の初会合がこのほど、左京区で開かれた。京都国立博物館（東山区）や迎賓館赤坂離宮（東京）を手掛けた建築家の片山東熊が設計した点を踏まえ、近代建築に詳しい石田潤一郎・京都工芸繊維大教授は「デザインや石の使い方がぜいたくで、建造物としての価値は高い」と評価し、丁寧な調査を求めた。

　ほかの委員からも、周辺に数多くある疏水関連の産業遺産との一体的な活用を促す声が出た。建築面積が約160平方メートルで、利用可能な場所が限られている上、耐震改修費もかさむことから、採算面の課題を指摘する意見もあった。

　観光船は2015年度から第一疏水の蹴上―大津間（7・8キロ）で試行され、18年度からは春と秋の計約80日間、1日往復9便を運航する。ポンプ室の前が発着場になる予定で、市上下水道局は「民間の力を借りつつ、岡崎を含めた地域が元気になる活用策を考えたい」としている。

11月15日（水）付

知恩院、動画でもてなし「歌う僧侶」など4本

　両手を広げ「会いに来て」と歌う青年僧や、煙の中から現れ浄土宗の宗祖法然について語り出すベテラン僧侶…。浄土宗総本山の知恩院（京都市東山区）がユニークな動画4本を制作し、実施中の「知恩院秋のライトアップ」をPRしている。歴史ある寺院のイメージにとらわれない動画で、若い世代の参拝を促す狙いだ。

　知恩院秋のライトアップは毎年11月上旬から約1カ月間行われる恒例行事。今年は12月3日まで三門（国宝）や庭園「友禅苑」を照らすほか、月曜を除き、毎晩法話を行っている。

「知恩院秋のライトアップ」をＰＲする動画で、歌う僧侶たち（「歌うお坊さん編」より）

　知恩院は、2012年3月に動画投稿サイト「ユーチューブ」に「知恩院公式チャンネル」を開設したが、当初に1本を公開して以降、更新していなかった。「寺離れ」と言われる中で幅広い世代にライトアップに訪れてもらおうと、新たに動画を4本作成し、発信することにした。

　「会議風景編」では、僧侶がライトアップの広報戦略を考える会議を開き、歌を歌ってPRしようと思いつく。「歌うお坊さん編」では、三門の下で5人の僧侶が歌い、「撮影風景編」は、その様子をそろいのTシャツを着た僧侶たちが撮影するという内容。知恩院のホームページを閲覧している一般の青年のもとにベテラン僧侶が登場し、朗々と法然や寺の由緒を語る（お坊さんが現れた編）作品もある。

　10月に「知恩院公式チャンネル」に投稿した。4本目の動画で自らも出演する堀田定俊執事（71）は、「動画を見て知恩院を訪れた若者に、さらにSNS（会員制交流サイト）で拡散してもらい、参拝者が増える状況が生まれれば」と期待を込める。

11月20日（土）付

地域ぐるみでオケラ再生　京のNPO　八坂神社でセミナー

　京の年末の風物詩「をけら詣（まい）り」に欠かせないキク科の多年草「オケラ」を増やすプロジェクトが、京都市東山区で行われている。現在は同区の八坂神社に1株自生するのみで、をけら詣りの際は薬種商から購入しているが、将来的には神社で育てたオケラを使うことを目指し、26日に神社で「キックオフ・セミナー」を行う。

　オケラは、高さ30〜60センチほどに成長して秋に白っぽい色の花

花が咲いた後に果実をつけたオケラ。中に種が詰まっている（京都市東山区・市都市緑化協会）

11月19日（金）付

太鼓センター設立30周年へ
演奏指導　介護予防にも

和太鼓教室の運営や関連用品の販売、公演を行っている。京都のほかに東京や大阪などに直営教室を置くほか、フランチャイズ店もあり、生徒数は約5700人に上る。世界最大規模の太鼓スクールとうたう。

会社の設立は1988年。東宗謙社長（68）が、立命館大在学中に合唱団で和太鼓と出合い、子どもたちに演奏を教え始めたのが起業の原点だ。来年2月で設立30周年を迎える。

新規事業にも挑戦している。電子和太鼓の開発に5年がかりで取り組み、今夏に完成させた。約40種類の太鼓の音に加え、鳴り物の音や掛け声も出せる。高感度のセンサーを打面に取り付け、音の強弱をより忠実に再現。打面の硬さやばちの跳ね返りも本物に近づけた。リズムのパターンも豊富にある。着座などの腕に力が入りにくい姿勢でたたいても音が出せるため、筋力が衰えた高齢者でも演奏できるという。

11月には新事業部を社内に設置。高齢者向けの健康和太鼓教室を立ち上げ、ライセンス加盟店の募集を始めた。「電子太鼓を楽しんでいるうちに曲を覚えるし、仲間の前で発表すれば拍手をもらえ、周囲とのコミュニケーションも活発になる」と東社長は効果を説く。

和太鼓演奏は高齢者の生きがいづくりにもつながるという。東社長は、母親（故人）が認知症を患い、グループホームに入った際、和太鼓を施設に持ち込んで入居者たちに教えた。すると、それまでほとんどしゃべることのなかったお年寄りたちが、曲の歌詞をはっきりと口にし、いきいきと演奏するようになった。静岡県の特別養護老人ホームが行った検証実験では、和太鼓を打ったり、和太鼓の演奏を聞いたりすると、認知症改善の効果がみられたという。

太鼓センターが開発した電子和太鼓「電太」と東社長（京都市下京区）

東社長は「たくさんの人が健康を心配しながら生きている。和太鼓であれば、楽しみながら介護予防になる。日本は世界最高の高齢社会。日本で太鼓が役立つと分かれば、世界中に広げられる」と期待している。

和太鼓センターが開いている教室で、和太鼓演奏に汗を流す受講者たち（京都市下京区）

太鼓センター　「心とからだにひびく太鼓をみんなで」をキャッチフレーズに、和太鼓教室をメインに営む。本社は京都市下京区。直営は京都、大阪、兵庫、東京、宮城などに計17教室。教育現場や社員研修、外国人旅行者向けの体験教室も手掛ける。従業員93人（アルバイト含む）。2017年4月期の売上高は約8億5千万円。

（連載「最前線　京滋ビジネス」より）

を咲かせる。乾燥させた根が胃腸の不良や下痢に効くとされ、昔から生薬として使われてきた。かつては京都近郊の里山などで見られたが、「府レッドデータブック2015」では絶滅危惧種に指定されるなど、府内では見ることも難しくなってきている。

八坂神社では本殿内の中庭に昔から自生していたが、近年は株の勢いが弱くなり、地面から10センチほどしか伸びなくなっていた。消滅を懸念した神社が2013年に市都市緑化協会に相談、同協会が神社に育つ株を守りつつ新たな株も増やそうと、株分けや府内の別の場所で育ったものとの交雑などを試みてきた。

昨年冬に植えた種は今春に発芽、約100鉢が無事に育っていることから、環境問題に取り組む区内のNPO法人「国境なき環境協働ネットワーク」が、八坂神社近くの商店街や自治連合会、小中学校、お茶屋組合に呼びかけ再生プログラムに取り組むことになった。

来春に30～40鉢を託し、それぞれの手元で育ててもらう。育つのに数年かかるが、ネットワークの内海貴夫理事長は「将来は神社で採取したオケラををけら火にくべることができるよう、頑張りたい」と話している。

参拝者でにぎわう八坂神社のをけら詣り。細かく砕いたヲケラの根が火にくべられている

11月21日（日）付

冬が引き出す伝統の酸味　すぐき漬け込み進む

朝の冷え込みが厳しくなる中、京の冬の味覚「すぐき漬け」の漬け込みが、京都市北区の上賀茂地域で進んでいる。10月下旬の悪天候の影響を受けながらも、一帯の農家は夜明け前から出荷に向けた作業に追われている。

すぐき漬けは、上賀茂神社の社家が発祥とされる。乳酸発酵を特徴とし、地域の農家が受け継いできた。

「荒漬け」で大だるに詰めたすぐき菜に塩を振る漬け込み作業（京都市北区上賀茂）

田鶴均さん（56）方の作業場には、甘酸っぱい香りが漂う。すぐき菜の皮をむき、直径1メートル以上の木だるいっぱいに渦状に詰めていく。今年は台風や長雨の影響で育ちが遅れ、収穫量も例年の3分の2ほどに。田鶴さんは「作業が遅れたが、変わらぬ味を守りたい」と最盛期を前に気を引き締めていた。

木だるで一晩漬けたすぐき菜は翌朝、小だるに詰め替え1週

11月24日（金）付

湯川秀樹「広島原爆　解説断る」　終戦期の未発表日記確認

日本人で初めてノーベル賞を受賞した湯川秀樹博士（1907～81年）が、1945（昭和20）年の太平洋戦争終戦前後に記した未公表の日記の内容が23日、京都新聞社の取材で明らかになった。玉音放送を厳粛に受け止める様子や京都帝国大教授として軍事研究に関与した情報などがつづられている。終戦前後は公的な発言を控えており、日記からは空白期間の関心事や出来事をうかがい知れる。科学史や科学者の平和活動史を考える上で、第一級の資料といえる。

湯川博士は34年にノーベル物

理学賞受賞につながる中間子論を発表し、戦前から既に世界的な物理学者だった。終戦からしばらくは「沈思と反省の日々」として新聞の寄稿を断るなど沈黙を守り、その後は核兵器や戦争の廃絶を目指して平和活動に情熱を傾けた。

内容が明らかになったのは45年6月1日～12月31日の分で、表紙に「研究室日誌」「研究室日記」とあるB5判のノート2冊に記されている。遺族の寄贈を受け、京都大基礎物理学研究所の湯川記念館史料室が所蔵する。この日記は38～48年の計15冊があり、残りも分析作業が進められている。湯川博士関連の日記で過去に公表されたのは34（昭和9）年などごく一部にとどまる。

「登校　朝散髪し身じまいする　正午より聖上陛下の御放送あり　ポツダム宣言御受諾の已むなきことを御諭しあり　大東亜戦争は遂に終結」。45年8月15日付にはこう書いてある。

身なりを整え、国民に敗戦を告げる昭和天皇の玉音放送を聞いたようだ。簡素な表現で感想は一切述べられていないが、何かしらの感慨を持って敗戦を迎えた湯川博士の姿が浮かぶ。

そのおよそ2カ月前の6月23日付には「F研究」の文字がある。戦中は海軍の依頼で京大の物理学者たちは原爆研究「F研究」に動員された。学内での「第一回打合せ会」が開かれ、出席したと記されている。湯川博士は生涯、原爆開発に関与したことを公的に発言しておらず、自身の手で言及した記録の発見も初めて。

8月7日は前日に広島へ投下された原爆に関する新聞社の取材に「広島の新型爆弾に関し原子爆弾の解説を求められたが断る」と記載している。同13日には広島で原爆の実地調査をした同僚から報告を受けている。

空襲の被害を書いたり、ポツダム宣言の全文を写したりしている。戦後には連合国軍最高司令官マッカーサー米元帥の動向に注目し、「憲法改正準備進む」と記すなど時勢に強い関心を寄せていたことが分かる。著名な学者だったため、戦後に連合国側から数度にわたって尋問を受けた形跡がある。慌ただしい中で、戦中戦後も講義やゼミに取り組んでいる様子も見て取れる。

◆科学史の第一級資料

湯川博士と親しく、平和活動でも行動をともにした慶応大の小沼通二名誉教授（86）の話　科学史における第一級資料で、公表されることの歴史的意味は大きい。これまで、終戦前後の湯川さんが具体的にどのような動きをしていたのかは知られていなかった。後から思い返したのではなく、戦争当時に強い関心を持ったことを飾り気なく記録している点でも非常に貴重だ。

8月15日（水）
登校　朝散髪し身じまいする
正午より聖上陛下の御放送あり
ポツダム宣言御受諾の已むなきことを
御諭しあり
大東亜戦争は遂に終結

湯川秀樹博士

「研究室日記」「研究室日誌」と表紙に書かれた湯川博士直筆のノート。終戦前後の出来事や関心を持ったことが記されている＝京都大基礎物理学研究所湯川記念館史料室所蔵

間ほど塩をなじませる。室で発酵を促し、12月初めから出荷する。作業は年末まで続くという。

11月21日（日）付

右京、江戸の和算家吉田光由の慰霊法要

江戸時代にベストセラーとなった和算書「塵劫記」の刊行390年に合わせて、著者で21日が命日の和算家吉田光由（1598～1672年）の慰霊法要がこのほど、光由が眠るとされる京都市右京区嵯峨の二尊院で営まれ、99桁ある特大そろばんが奉納された。

吉田光由の墓前に99桁の特大そろばんを供え、手を合わせる関係者ら（京都市右京区・二尊院）

光由は豪商角倉家の一族で嵯峨出身。1627年に、そろばんの計算方法や九九、面積や体積の求め方などを解説した塵劫記を刊行し、江戸時代の商人に欠かせない本となった。

法要には、光由の功績を調べている「吉田光由悠久会」の会員や子孫ら10人が集まり、本堂で経を上げ、墓前で焼香した。子孫の吉田省二さん（65）＝草津市＝は「皆さんに供養していただけてありがたい」と話した。

2メートルの特大そろばんは同会理事長で、京都市南区でそろばん通販会社を営む久下五十鈴さんが奉納した。久下さんは「この法要を記録に残したかった。いつか、光由の小さな記念館を建てるのが夢」と熱く語った。

11月22日（水）付

顔見世の活気　えがき上げ　休館中の南座

耐震改修のため長期休館中の南座（京都市東山区）に21日、まねき看板など往年の顔見世興行中の南座を描いた巨大な絵の幕が上げられた。12月1日に開幕する今年の顔見世はロームシアター京都（左京区）が会場になるが、師走の顔見世気分を南座からも味わってもらおうと演出した。

南座前に掲げられた往年の南座やまねき看板を描いた絵の幕（京都市東山区）

絵は、1971（昭和46）年の顔見世時の南座外観を描いている。京都の日本画家、故樋口富麻呂氏の作品を幕（縦12メートル、横14メートル）に拡大転写した。京都在住だった十三代目片岡仁左衛門のほか、十七代目中村勘三郎ら、昭和の名優のまねきが書き込まれている。

南座の正面に「何もないのは寂しい」との声が地元商店街から上がり、企画した。幕は、顔見世期間中を含め当面掲げられる予定。

今年のまねき看板はロームシアター正面に上げられる。顔見世のまねきが南座以外で上がるのは初。襲名披露する中村芝翫さんらも出席し、11月25日午前9時半からまねき上げがある。

11月25日（土）付

〝ワン〟ダフル　はや戌の大絵馬　松尾大社

拝殿に登場した特大の絵馬の前で写真を撮る家族連れ（京都市西京区・松尾大社）

11月25日(土)付

慶喜に"とりあえず"見舞い 西本願寺、大政奉還直後の命令書

江戸幕府15代将軍で150年前に大政奉還した直後の徳川慶喜の微妙な立場が読み取れる資料が見つかり、浄土真宗本願寺派(本山・西本願寺、京都市下京区)の本願寺史料研究所が24日、発表した。大政奉還後に大坂に移った慶喜に対し、同寺が「とりあえず」見舞いの品を贈るよう、大坂の出先機関に命令した内容。幕末に権力の行方が見通せない中、慶喜が周囲からどう見られていたかが分かり、西本願寺のしたたかさも垣間見える資料という。

慶喜は慶応3(1867)年10月14日に大政奉還し、同24日に将軍職の辞任を朝廷に申し出た。12月9日の王政復古の大号令を受けて、同12日に京都から大坂城に移った。鳥羽伏見の戦いは翌年1月3日に勃発した。

今回見つかった資料は、西本願寺が大坂の津村御坊(津村別院)に送る命令書の下書で、慶喜が大坂城に入った2日後の12月14日付。それまでは競うように豪華な贈り物をしていたのに、最高権力者ではなくなった慶喜には、「不取敢(とりあえず)」、しかも「御内々」に見舞いの品を贈るよう指示。慶喜と親しい関係だと思われないような文面を添えるよう配慮した。その上で、会津藩主で京都守護職だった松平容保らへの見舞いも「目立たぬように取りはからえ」と命じていた。「当節柄」という記述が3カ所あり、政治権力の行方が読み切れない当時の雰囲気が読み取れる。

贈答品は、慶喜には鴨のつがい、容保ら計5人には鴨か「カステイラ」を贈るよう指定していた。命令書を実際に津村御坊に発送したのか、慶喜に見舞いを贈ったかどうかは確認できないという。

調査した同研究所の大喜直彦上級研究員は「寺の内部文書であっても現職の将軍だったら『とりあえず』とは書かない。幕府側とも朝廷側とも敵対しないよう、動乱期の危機管理といえる」と話している。

◆たくましさ分かる

家近良樹大阪経済大客員教授(幕末維新史)の話 組織の温存を図る西本願寺のたくましさがうかがい知れる文面だ。大政奉還や王政復古クーデターがあったとはいえ、鳥羽伏見の戦いの前は幕府方に形勢が逆転する可能性があった。また、慶喜らが大坂に入ったことは、京都の人たちは生殺与奪を押さえられたと捉えたかもしれない。当時の大坂は淀川の水運を使って京都に物資を運ぶ物流拠点だったからだ。慶喜にも薩摩方にも、西本願寺の真意が悟られないように、てんびんに掛けたのだろう。

「不取敢」(とりあえず)徳川慶喜に見舞いを贈るよう命令する西本願寺の文書。「御内々」とも朱書きされていた=京都市下京区・西本願寺

11月28日(火)付

揺れる僧侶 慕情の念仏 東本願寺で「坂東曲」

京都市下京区の東本願寺(真宗大谷派本山)で営まれている報恩講は28日最終日を迎え、僧侶たちが体を激しく揺り動かしながら念仏を唱える「坂東曲(ばんどうぶし)」が行われた。宗祖親鸞の木像が置かれた御影(ごえい)堂には多くの門信徒たちが詰めかけ、僧侶たちの動きに見入った。

坂東曲は、鎌倉時代から南北朝時代に関東地方の僧侶たちが始めたとされる。親鸞が越後(新潟県)に流罪になった際の船上

「坂東曲」で体を揺らしながら念仏を唱える僧侶たち(28日午前10時46分、京都市下京区・東本願寺)

の様子を伝えるともいわれるが、詳しいルーツは不明という。現在では、親鸞をしのんで命日の同日にのみ行う。

「堂衆」などと呼ばれる僧侶ら約60人は、正座したまま上半身を前後左右に揺らしながら、親鸞が平易な言葉で教え記した「高僧和讃（わさん）」を堂外まで響き渡る大きな声で読み上げ、「南無阿弥陀仏」と独特の節回しで唱えた。

この日は、約6千人の参拝者が詰めかけた。お堂の内外を仕切る障子が取り払われ、僧侶たちの動きを一目見ようと人垣ができた。同寺の報恩講は21日に始まり、8日間で計約3万7千人が参拝した。

11月28日（火）付

イノシシ　4キロ猛進
平安神宮で発見→二条城の堀に落下

27日正午ごろ、京都市左京区岡崎西天王町の平安神宮で、警備員がイノシシを発見し、110番した。イノシシは境内を走り回った後、西方向に逃げた。京都御苑や府庁前など、丸太町通一帯で目撃情報が相次ぎ、パトカーが緊急出動する騒ぎとなった。平安神宮西側の工事現場にいた50代の会社役員の男性がイノシシに突き飛ばされ、左腕を骨折した。

110番から約40分後、イノシシは平安神宮の西約4キロの二条城（中京区）外堀に転落しているのが見つかった。午後2時半ごろに水中から引き上げられたが、すでに死んでいた。

府警などによると、イノシシは体長約1メートルで性別は不明。平安神宮から二条通まで南下した後、丸太町通などを通って、二条城方向に進んだとみられる。

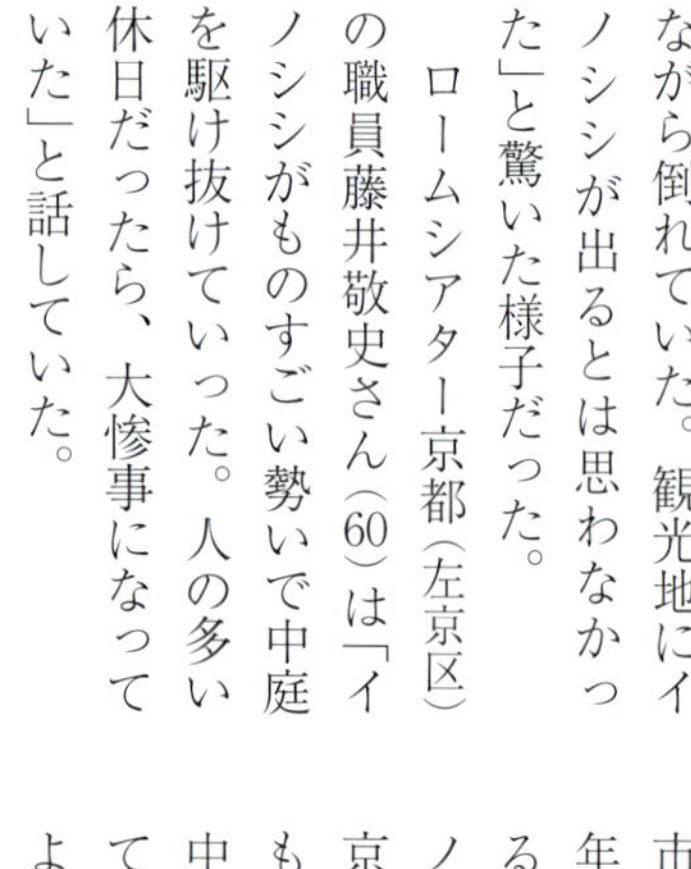

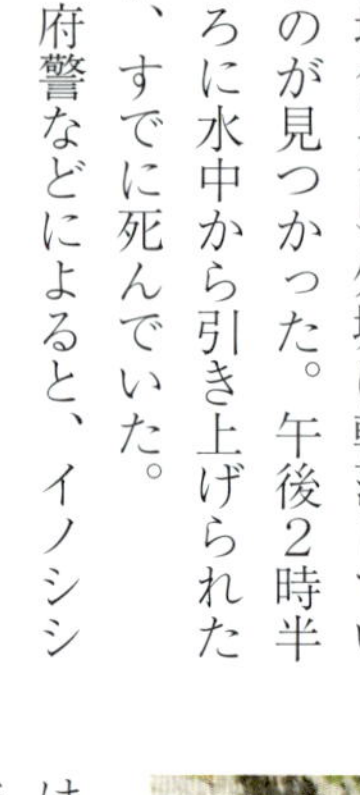

二条城の堀からイノシシを引き上げる管理事務所の職員ら（27日午後2時20分、京都市中京区）

平安神宮近くにいた30代の会社員男性は「男の人が背後から突進され、肘を痛そうに押さえながら倒れていた。観光地にイノシシが出るとは思わなかった」と驚いた様子だった。

ロームシアター京都（左京区）の職員藤井敬史さん（60）は「イノシシがものすごい勢いで中庭を駆け抜けていった。人の多い休日だったら、大惨事になっていた」と話していた。

◆京の中心部　今年4頭目

野生のイノシシがまた、都大路を猛進した。今年に入って、京都市の中心市街地に出没するのは4頭目。市民が襲われて負傷する事態も起きており、市の担当者は「街中で見掛けても絶対に刺激しないで」と呼び掛けている。

5月には東山区のウェスティン都ホテル京都のロビーにイノシシが入り込み、男性従業員が脚をかまれて軽傷を負った。6月には左京区の京都大学生寮「熊野寮」に迷い込んだほか、10月には中京区や下京区の市街地に現れ、河原町通などの大通りを約4キロ駆け回った。3頭とも捕獲された。

市地域自治推進室によると、市街地での目撃情報はこれまで年1、2件で、出没が増えている原因は不明。中には山中のイノシシが琵琶湖疏水を泳いで左京区岡崎辺りに上陸したケースもあるとみている。同室は「街中に出てくる野生動物は興奮している場合があり、近づかないようにしてほしい」としている。

11月27日（月）付

映画「夜の河」　染め文化、忠実に再現

堀川を舞台にした映画黄金期の作品「夜の河」（1956年、吉村公三郎監督、山本富士子主演）の撮影地を特定しようと、文化部や写真部を含む記者６～７人でＤＶＤを鑑賞した。何度も一時停止して看板の文字など細部に目を凝らし、ネットの昭和地図アーカイブや市電路線図などを調べた。

姉小路通（京都市中京区）ではないか、との推測までたどりつく。現在地は川は暗渠化されて面影が残っていないため、断定には至らない。

そこで、映画の画面を印刷して付近を訪ねた。通りには「染型」「絞り」など染めの分業に関する看板が多い。この地で育った人を探すと、当時小中学生だった３人が「姉小路に間違いない」と即答した。「川に落ちた野球ボールを橋から昆虫網で何回もすくい上げたので、欄干の形を鮮明に覚えている」。鹿の子絞りの「ゆのし」工程に携わる佐伯和彦さん（73）は話す。

主人公は「ろうけつ染め業の娘」との設定だ。作業場のモデルが実在することも佐伯さんから教わった。姉小路通小川東入ルの木村晴彦さん（70）の工場を訪ねる。木村さんは「ゆすぎ桶など染め道具一式を貸したそうです。撮影所に組まれたセットは、作業場の配置や自宅など細部まで忠実に再現されていた」と話す。

原作小説のモデルとなったのは、木村さんの実姉で染織研究家として後に知られる木村孝さんだという。孝さんは昨年に96歳で亡くなるまで京都新聞の連載「季のきもの　京のきもの」（2007年１月～08年３月）など数多くの著作、講演などで活躍した。吉村監督は著書「京の路地裏」で、「夜の河」製作時に「木村孝さんから指導協力を仰いだ」と記している。

映画で主人公が染める柄と色は、物語の展開や心理描写に重要な意味を持つ。当時の映画づくりが「ほんもの」に忠実であるよう細部までエネルギーを注いだことがわかる。

１本の映画をたどる取材は、堀川が「染め」という奥深い文化と深く関わっていることをあらためて実感した。

（連載「堀川紀行」より）

右から左へと流れる冒頭シーンのうち、静止させた２枚の画像をつないだ。撮影地を特定する取材を試みた　「夜の河」©KADOKAWA 1956

11月29日（水）付

日本一高～い木　花背の三本杉　62・3メートル

林野庁が「日本一高い木」と発表した京都市左京区花背の大悲山国有林に立つ「花背の三本杉」について、同庁は28日、最も高い木の高さを62・3メートルと明らかにした。

これまで国内最高とされてきた高さ59・6メートルの愛知県新城市のカサスギを2・7メートル上回った。3本のうち別の1本も60・7メートルあり、全国1、2位を独占することになった。

花背の三本杉は、3本そろって天に向かって伸び、地元の峰定寺の神木として信仰を集めてきた。従来は35メートル前後とみられてきたが、林野庁京都大阪森林管理事務所が専門機器で測り直した結果、日本一の樹高だったことが判明した。

同事務所はこの日、現地で測定の実演や小型無人機「ドローン」を使った樹冠の観察を行い、住民らと一緒に「高さ日本一」を祝った。

▲林野庁の測定で高さが日本一となった花背の三本杉（2009年11月13日撮影、京都市左京区）

12月

12月27日（水）付

巨大しめ縄　ずしり　伏見稲荷大社で迎春準備

大しめ縄を飾る神職たち（京都市伏見区・伏見稲荷大社）

12月28日（木）付

煩悩払う鐘の音　厳か
知恩院試し撞き

　大みそかに鳴らす除夜の鐘の試し撞きが27日、京都市東山区の知恩院（浄土宗総本山）で行われた。僧侶17人が勢いよく綱を引いて撞木を大鐘に打ち付け、雪の舞う東山の山並みに鐘の音をとどろかせた。

　境内南東の大鐘楼（重要文化財）で、約30人の僧侶が太い親綱1本と細い子綱16本を交代で手にした。親綱を握る僧侶が「えーい、一つ」と掛け声を発して体をのけ反らせながら撞木を大鐘に打ち付けると、高さ3・3メートル、直径2・8メートルで、重さは約70トンの巨大な鐘が左右に揺れ、「ゴーン」と低い音が響き渡った。

　周辺には多くの見物者が集まり、ダイナミックな僧侶の動きをカメラに収めていた。鐘を撞いた岩田翔爾さん（24）は「親綱を握っていると体を持っていかれそうで怖かった。大みそかは、参拝者がいい年を迎えられるよう願って打ちたい」と話した。除夜の鐘は31日午後10時半過ぎから、僧侶が108回撞く。

大きく体をのけ反らせて綱を引き、巨大な鐘を撞く僧侶たち（27日午後2時10分、京都市東山区・知恩院）

12月2日(土)付

来る年の福を重ねて　伏見稲荷大社

正月に初詣の参拝者に授与する縁起物「福かさね」をつくる作業が1日、京都市伏見区の伏見稲荷大社で始まった。緋袴姿の神楽女たちが、来年の干支「戌」をあしらった絵馬や、朱塗りの「守矢」などを組み合わせた。

「福かさね」は絵馬と守矢のほか、神木の杉の一部、稲穂を束ねてつくる。それぞれ、開運や五穀豊穣などの願いが込められている。絵馬の原画は日本画家上村淳之さん、由里本出さんが手がけた。

神楽女たちは一つ一つ丁寧に組み合わせ、完成した「福かさね」を積んでいった。田原美織さん(19)は「正月が近づいてきたと実感する。絵馬はかわいい絵なので多くの方に手にしてもらいたい」と話した。

年末までに約2万組を用意する。大みそかから有料で授与する。

正月に向けて絵馬や守矢を組み合わせた縁起物「福かさね」を作る神楽女たち(1日、京都市伏見区・伏見稲荷大社)

12月2日(土)付

かやぶき守る　白の放物線　美山で一斉放水

多くの観光客が守る中、水のアーチがかかる「かやぶきの里」(南丹市美山町)

12月2日(土)付

栗田湾にイルカの群れ　宮津海洋高、情報提供呼び掛け

日本海の若狭湾で11月中旬からイルカの群れの目撃情報が相次いでいる。九州の天草諸島に生息する大群から離れて来遊しているとみられ、宮津市の栗田湾に面する海洋高が生態調査を進めるため情報提供を呼び掛けている。

同高の中島幸一教諭によると、11月14日に卒業生から伊根湾でイルカの動画を撮影したとの知らせを受けた。その後も舞鶴湾や宮津湾での目撃情報を得た。

栗田湾でもイルカが群れをなして泳ぐ姿を確認。25日に生徒たちと船に乗り込み、ひれやくちばしが分かる写真を撮影したり、息継ぎのため水面に上がってくる時間を計ったりした。

写真から温かい海に生息するミナミバンドウイルカと判明し、少なくとも15頭ほどいるという。イルカの追跡調査を行う研究者とも連携し、天草諸島で確認されていた個体と分かった。

中島教諭は「なぜこんな寒い所まで来るのか不思議だ。生態を知ることで環境変化が分かったり、観光や漁業に役立てられたりするかもしれない。目撃したら連絡してほしい」と話している。

11月25日、宮津市の栗田湾に現れたミナミバンドウイルカの群れ(海洋高提供)

12月3日(日)付

師走のコイ　いきいき　広沢池で「鯉揚げ」

京都市右京区嵯峨の広沢池で2日、恒例の「鯉揚げ」が始まった。冬の陽光に水面がきらめく池の一角で、漁師たちが丸々と

池の一角に追い込んだコイを網で引き揚げていく漁師（2日午前9時40分、京都市右京区・広沢池）

太ったコイを次々と引き揚げた。

市内の養殖業者が4月に稚魚約1200匹を放流し、体長約30センチ、重さ1～1・5キロになるまで育てた。この日は漁師たち6人が網でコイをすくい上げ、小型の舟に移した。生きの良いコイが舟の上でピチピチと跳ねていた。

養殖業平岡義久さん（43）＝下京区＝は「広沢池は水が良く、泥臭さがない。今年は小ぶりなものも多いが、洗いなどにするとおいしく食べられる」と話す。鯉揚げは約2週間続き、1月下旬まで広沢池で販売する。

12月4日（月）付

素屋根すっぽり　空からくっきり　延暦寺・根本中堂

天台宗総本山の延暦寺（大津市坂本本町）で、国宝の根本中堂に素屋根をスライドさせてかぶせる工事が佳境を迎えている。小型無人機で上空から撮影すると、屋根の半分以上が覆われた姿が見えた。

根本中堂は約60年ぶりの大規模改修が本年度から10年計画で行われている。敷地が狭いためにスライド工法を採用し、11ブロックに分けて素屋根を滑らせる工事が9月から始まり、11月下旬に7ブロックまで進んだ。

滋賀県文化財保護課によると、来年1月中旬には根本中堂がすべて覆われる見込みで、その後は回廊に素屋根を掛ける工事が始まるという。工事中も拝観は可能。

素屋根のスライド工事が進む根本中堂（大津市坂本本町・延暦寺）

12月4日（月）付

大根焚き　無病息災願う　右京・三宝寺

檀家が時間をかけて炊き上げたダイコン（京都市右京区・三宝寺）

12月6日（水）付

豪華　大屏風や扇面図展示　下京　嵯峨嵐山の薪炭商小山家収集

京都市下京区壬生川通松原下ルの京都産業大むすびわざ館で、特別展「嵯峨嵐山小山家の生活」が開かれている。嵯峨嵐山の薪炭商小山家が収集した美術品6点を展示している。

小山家は、材木の集積地だった嵯峨嵐山で近世まで有力な薪炭商だったことが知られている。京産大は同家の旧蔵品の調査を

会場で展示されている屏風（京都市下京区・京都産業大むすびわざ館）

12月5日（火）付

無電柱化へ直接埋設実験
京都市　京大前・東一条通

京都市は電柱をなくす「無電柱化事業」として、電線などのケーブルをそのまま地中に埋める実証実験を左京区の東一条通で始めた。大幅なコスト削減を図れる上、狭い道路でも工事が可能になる。ケーブルや路面に支障が出ないことを確認でき、国が本格導入を決めれば、無電柱化を促進できると期待している。

国内の無電柱化工事では、地下に埋設した管路にケーブルを収容する「管路方式」が採用されてきた。管路を設置するため、工事費が延長1キロ当たり7億～9億円かかり、狭い道路では工事が難しかった。

一方、ケーブルをそのまま地中に埋める「直接埋設方式」は、管路方式に比べると費用を7割も削減でき、道路幅も要らない。無電柱化率が100％の仏パリ市や英ロンドン市など欧州各都市で直接埋設が採用されているが、日本では実用化されていない。

実証実験は国土交通省が導入検討のために、全国2自治体で初めて選定。京都市では、東一条通の東大路通から京都大正門までの間にある約70メートルの市道で行うことにした。東一条通は、節分祭で有名な吉田神社に近く、京都大吉田キャンパスに面していることから市が無電柱化の候補路線としている。

ケーブルの埋設は先月から始め、12月初めに終了した。来年3月まで通信したり、ケーブルの傷み具合や舗装に及ぼす影響を調べたりする。実験のため、電柱は撤去していない。

市内では花見小路通や御池通で電柱がすでに取り除かれ、先斗町通でも撤去工事が進むが、無電柱化率は2％にとどまる。市道路環境整備課は「景観への要望の中でも電柱の撤去を求める声は強い。良い結果が出て国の導入が決まり、この工法が広がってほしい」と話す。

◀京都市が無電柱化の普及に向けた実証実験を始めた東一条通（同市左京区）

進めていて、今回は美術品をテーマに公開した。

会場では、同家に伝わってきた大きな「西王母東王父図屏風（びょうぶ）」が目を引く。江戸期の作品とみられ、作者は不明だが、細かい描写で人物が表現されていて技術の高さを感じさせる。ほかにも小山家の間取りを記した文書や円山応挙筆と伝わる扇面図なども展示されている。

12月7日（木）付

輝く渡月橋　幻想的
あすから嵐山・花灯路

ライトに照らされ浮かび上がる渡月橋（京都市右京区）

12月9日(土)付

山城名産　柿渋アピール

消臭スプレー、調味剤…　効用再評価

京都府南部の山城地域の名産品として挙がるのは、世界に誇る「宇治茶」だ。だが実は、他にも知る人ぞ知る名産が多い。渋柿を搾った液を発酵・熟成させた「柿渋」もその一つ。木や布などの防水防腐用に根強い人気だが、近年は機能や効用が再評価されている。抗菌・消臭スプレーといった商品も開発され、世界を視野に「柿渋」をアピールしている。

南山城村南大河原にある1888年創業の柿渋製造販売「トミヤマ」を訪ねた。工場に高さ約3メートルのタンクが並び、濃茶色の柿渋が熟成されていた。櫂でかき混ぜると鈍く光り、独特のにおいが漂う。

柿渋の渋み成分の正体は柿のタンニンだ。木や布、紙、糸などに塗ると、防水や防腐、補強、抗菌性を高める。凝固作用もある。やけどやしもやけ、二日酔い、高血圧にも効果があるとされる。

柿渋は日本独自の文化で、平安時代から利用されてきたとされる。江戸時代には全国各地で生産されたが、山城地域は備後(広島県)、揖斐(岐阜県)と並ぶ産地として知られた。

山城が一大産地となったのは、茶畑の霜よけのために柿が栽培されたためと考えられている。この地で育つ「天王柿」は渋み成分が多く柿渋に適している。木津川など水運を使って京都や大阪に販路を広げた。統計は定かではないが、現在もトップクラスの製造量を誇る。

▶山城地域で多く収穫されてきた天王柿。渋み成分が多く、柿渋作りに適しているとされる(松尾会長提供)

石油化学製品の普及で業界は衰退したが人気は根強く、山城地域での生産は続いた。近年になって柿渋の色を薄めたり、発酵工程を改良してにおいを和らげたりすることで用途が広がった。自然素材としても注目を集め、業者も新たな商品開発に取り組んでいる。

トミヤマは、消臭効果を利用したせっけんやタブレット食品、綿から柿渋で染めて編んだ抗菌・消臭ふきんを販売している。化粧品や消臭スプレーも企業などと共同開発した。5代目の冨山敬代社長(49)は「柿渋を知らない若い人は多い。効果を肌で感じてもらい、広めたい」と話す。

(写真右上)タンクで熟成される柿渋(京都府南山城村南大河原・トミヤマ)
(左上)柿渋の消臭効果を利用したタブレット食品と石けん(南山城村南大河原・トミヤマ)
(右)柿渋と抹茶の粉末を配合して新しく作った調味剤(木津川市木津町・三桝嘉七商店)

1872年創業の「三桝嘉七商店」(木津川市木津町)は、地元農協と協力して柿渋粉末と抹茶粉末を合わせた調味剤の商品化を進めている。うどんに柿渋成分を練り込んでコシを出した商品も開発中で、4代目の三桝嘉嗣社長(54)は「食への使い道はまだまだある」と策を練る。

柿渋は自然素材の建材塗料と

しても人気が高まっている。1890年創業の「岩本亀太郎本店」（和束町石寺）は、無臭柿渋の製造法の特許を取得、主力製品として内外装材の塗料などに使われている。

柿渋には、さらに追い風が吹きそうだ。4年ごとに開催され、世界から柿の研究者や生産者らが集まる学会「国際柿シンポジウム」が2020年10月に日本で初めて奈良県で開かれる。柿渋文化がない海外への絶好のアピール機会になる。柿渋の普及を目指して研究者らでつくる「柿渋・カキタンニン研究会」（精華町）の松尾友明会長（69）は「柿渋の魅力や文化を発信したい」と意気込む。

12月13日（水）付

新春の華　お先に
花街や旧家「事始め」

井上八千代さん（左から２人目）から祝いの舞扇を受け取る舞妓たち＝13日午前10時17分、京都市東山区・井上さん宅の稽古場

花街や旧家で迎春準備を始める節目の「事始め」が13日、京都市内であった。芸舞妓が芸事の師匠やお茶屋を回って、「おめでとうさんどす」とあいさつを交わした。

東山区の京舞井上流家元、井上八千代さん宅の稽古場では、弟子たちが届けた鏡餅が並び、早くも新年の雰囲気となっていた。

芸舞妓たちが午前10時ごろから続々と訪れ、順番にあいさつしていた。井上さんは一人ずつに「頑張ってください」などと声を掛け、にこやかに近況を尋ねたり、芸事の心構えを語りかけたりしていた。

あいさつを終えた舞妓のまめ衣さん（18）は「下の子も増えてきたので、お姉さんとして一層、稽古に気張ります」と話していた。

12月14日（木）付

揺れる念仏　体中で唱え
六波羅蜜寺

平安時代中期に京都で念仏を広めた僧空也ゆかりの「空也踊躍念仏」が13日、京都市東山区の六波羅蜜寺で始まった。僧侶たちが鉦を鳴らし上体を揺らしながら、「モーダナンマイトー」と唱えた。

同寺を開いた空也が悪病退散を願って始めた念仏に起源を持つ。13世紀初頭に念仏が弾圧を受けた影響で長く非公開で営んできたが、国の重要無形民俗文化財となったのを契機に、1978年からは参拝者に公開している。

午後4時すぎ、川崎純性住職（62）ら5人が秘仏の本尊・十一面観音立像の厨子の前で読経した。その後、上下左右に首を振り、念仏を唱えながら本堂の内陣の中で周回した。

堂内に集まった約100人の参拝者は手を合わせながら興味深そうに僧侶の動きに見入っていた。毎日午後4時から営み、30日まで公開する。最終日の31日は非公開。

上体を揺らしながら念仏を唱え、堂内を回る僧侶ら（京都市東山区・六波羅蜜寺）

12月15日（金）付

伏見城下で同時発掘
豊臣期、徳川期の遺構

豊臣秀吉が造営した伏見城に隣接する武家屋敷跡（京都市伏見区桃山町）の発掘調査で、関ケ原の戦いの前哨戦で焼けた石垣跡と、後に徳川家康が再建したとみられる石垣跡が見つかり、民間調査会社が14日発表した。豊臣期と徳川期の遺構が同時に見つかることは珍しく、研究者は「激戦の様子や、家康による復興過程を示す貴重な発見」としている。

伏見城は、1596年の慶長伏見地震で宇治川近くにあった秀吉の指月伏見城が倒壊した後、その北東の木幡山に建てられた。1600年、関ケ原の戦いの前哨戦で、籠城する徳川方を石田三成方の西軍が攻撃し落城。関ケ原の戦いに勝利した家康が再建し、西日本支配の拠点とした。城下町も並行して再建された。

調査地は城の内堀の外側で、徳川期は家康の四男松平忠吉の邸宅があったとされる。西側斜面で石垣跡を確認。石は抜かれていたが、石垣と土の間に詰める裏込め石が見つかった。さらに東に2メートル掘り進むと、別の石垣跡があり、石は赤く変色し、一部は表面が割れていた。周囲にも焼け土があり、落城時の激しい炎にさらされた痕跡とみられる。

調査した四門京都支店（下京区）の辻広志主任調査員は「最初に見つかった石垣跡は、豊臣期のものを覆い隠すように造られ、徳川期の再建と考えられる。豊臣期と徳川期がはっきり分かる事例は少なく、石の種類や石垣の構造など比較研究につながる」と期待する。

山田邦和同志社女子大教授（都市史学）は「2メートルも石垣をずらしており、徳川期の再建が、豊臣期の単なる再利用でなかったことを示している。不明な点が多い城下町の変遷を知る上で貴重な遺構だ」と注目する。

▲豊臣期の石垣（右奥）を埋めて再建された徳川期の石垣跡（手前の小石のある斜面）＝京都市伏見区桃山町下野

高熱で赤く変色した石が残る▶豊臣期のものとみられる石垣

12月14日（木）付

雪色金閣寺　きらめく
京滋で積雪

うっすらと雪化粧し、朝日に照らされて輝く金閣寺（14日午前7時30分、京都市北区）

12月14日(木)付

安国寺遺跡にまた柱跡
宮津、丹後国府関連一段と

宮津市教育委員会は13日、安国寺遺跡(同市小松など)の発掘調査で、昨年度に続き一般の集落では見られない方形の柱跡が見つかったと発表した。昨年度の柱跡とほぼ一直線になっており、建物の存在が確認できたことから、丹後国府に関連する遺跡である可能性が高まったという。

安国寺遺跡で見つかった方形の柱跡。昨年度に発見した柱跡と連続しており、建物が存在していたことが確認された(宮津市小松)

同遺跡は天橋立北岸の府中地区のほぼ中央に位置しており、近くには国分寺跡や「一宮」の籠神社などが点在。丹後国の中心地として栄えたと考えられる。

調査は昨年度から始まり、今年は10月から約95平方メートルを発掘。昨年柱跡が見つかった両側を掘り起こしたところ、60センチ四方の柱跡が2基発見され、約2メートル間隔で連続していることが分かった。平安時代前期とみられる土師器(はじき)や須恵器も多数出土し、古代の役所としての機能を備えた場所だったことが推測される。

市教委の河森一浩主任は「今後建物の性格や周辺を調査し、丹後国府の解明を引き続き進めていきたい」と話している。

12月18日(月)付

伝統の藤づる使い固定
桂川で再現　12連の「筏流し」

京都市の桂川(保津川)で17日再現された「筏(いかだ)流し」は、同日朝から右京区の川沿いで筏を組む作業が行われた。雪がちらつく厳しい寒さの中、作業者が川に腰まで漬かりながら木材を藤づるなどでつなぎ、計12枚を完成させた。

作業は、かつて保津川で働いていた筏士から直接手ほどきを受けた保津川遊船企業組合の船頭4人が中心となり、京都学園大と京都府立林業大学校の生徒らも合わせて約40人で進めた。

筏1枚に長さ4メートルの丸太を7～9本使用。両端にU字形の金具を打ち付け、細い木を通して筏の形に組み上げた。丸太の固定には、針金のほかに伝統的な材料である藤づるも用いた。

▲船頭に教わりながら、筏を組むための藤づるを結ぶ学生

▲川に入って筏を連結させる作業をする船頭たち(京都市右京区・桂川)

12連につなぐ前に学生たちが筏に試乗した。京都学園大2年の伊原智希さん(20)は「初めてだけど、想像していたより安定していた。川の上は気持ちがいい」と笑顔だった。

筏流しが成功した後は、川沿いにある琴ケ瀬茶屋(西京区)で公開され、見物した大人や子どもらが間近で観察したり、乗ったりした。地元の松尾小6年鎌田芽依さん(12)は「思っていたより長かった」と驚いていた。

12月20日（水）付

小川御所跡示す石碑建立　上京・宝鏡寺

室町時代の足利将軍家ゆかりの「小川御所」の跡を示す石碑が、京都市上京区寺之内通堀川東入ルの宝鏡寺の境内に19日に建立された。関係者ら約15人が除幕式に参列し、新たな石碑の完成を祝った。

小川御所は足利将軍家の邸宅の一つで、応仁の乱の頃に足利義政や妻の日野富子、息子の義尚らが利用した。同寺は応仁の乱勃発から550年の節目や人形展が60周年を迎えたことを記念して石碑を建立した。

小川御所跡の石碑は、高さ約1・7メートルでインド産の石を使用した。石碑の字は臨済宗相国寺派の有馬頼底管長が揮毫した。

式典には門川大作市長らが出席し、読経の後に新たな石碑を除幕した。田中惠厚門跡は「多くの人に西陣や京都の長い歴史に思いをはせてほしい」とあいさつしていた。

境内に建立された小川御所跡を示す石碑（京都市上京区・宝鏡寺）

12月20日（水）付

時代祭　いつでも体感　平安神宮境内に商業施設

20日にオープンする「京都・時代祭館十二十二（トニトニ）」。客の頭上のスクリーンに祭りの様子が映し出される（京都市左京区・平安神宮境内）

12月21日（木）付

気ぜわしさも楽しく　終い弘法

京都市南区の東寺で21日、今年最後の縁日「終い弘法」が行われた。境内の露店には迎春用品や正月用食材が並び、多くの参拝者たちでにぎわった。

東寺の造営に携わった真言宗の宗祖空海（弘法大師）の亡くなった日にちなみ、毎月21日の縁日には「弘法市」が開かれている。1月と12月は特に多くの参拝者が訪れる。

露店では、正月飾りに用いる松をはじめ、金時にんじんや、くわいといった新年の食卓には欠かせない野菜などが店先を彩った。

両手に袋を手にした東京都青梅市の松本廣子さん（68）は「近年は毎年訪れている。今年もユリ根やメカブ、ちりめん山椒など食品をたくさん買えた」と笑顔を見せていた。

近づく新年を楽しみにしながら「終い弘法」で迎春準備の品を買い求める人たち（京都市南区・東寺）

12月21日（木）付

輝く白　味自慢　淀大根出荷ピーク

今年は台風や長雨のため、収穫量は例年の半分ほどで少し小ぶりというが、「身が締まっていておいしい」とのこと。

日に照らされて白く輝く淀大根（京都府久御山町東一口）。

12月21日（木）付

日本酒の菰樽作り　最盛期　伏見

鏡開きなどに使われる日本酒の菰樽（こもだる）作りが、酒どころの京都市伏見区の酒造工場で最盛期を迎えている。職人たちが慣れた手つきで作業を進め、新年の風物詩を完成させた。

宝酒造伏見工場では、吉野杉の樽に、酒米の稲で編んだ菰を巻く。年間出荷量のおよそ半分を12～1月が占めるといい、職人5人が多い日で50個作っている。

職人たちは「イヨッ」と声を掛けながら、一番大きな72リットル入りの杉樽を動かし、菰を樽に巻き付け、縄できつく縛っていた。重さは約90キロあり、一つ完成させるのに約30分かかるという。

同社の山本昌弘さん（57）は「開運を授けるものなので、やりがいがある」と話していた。

新年に向け、日本酒の菰樽を作る職人（京都市伏見区・宝酒造伏見工場）

12月26日（火）付

京都府立植物園に謎の穴あき石　「江戸期の五条大橋　橋脚台か」

人工的に大きな穴が開けられた謎の石が京都府立植物園（京都市左京区）に4個もあることが26日までに分かった。石柱やくさびのほぞ穴の痕跡が残り、発見した市民団体は「大きな橋の橋脚台に使われた可能性が高い」と考えている。

穴の開いた石は、市民団体「山科石切場調査・研究グループ」の池部龍夫さん（77）が植物園北側の半木神社周辺で点在しているのを見つけた。4個とも白川石で、高さは約0・6メートル、縦0・5～0・8メートル、横1・4～2・0メートルだった。中央には直径30センチ（深さ30センチ）ほどの穴が開いていた。石の側部には、石を割る時に入れる矢穴があり、人工的に切り出された石だと分かった。

また一つの石には大きな穴の横に小さなほぞ穴の跡もあり、視察した奥田尚橿原考古学研究所特別指導研究員は「石自体は慶長年間から切り出されていたとみられる。大きい穴は石柱のほぞ穴で、小さい穴は石橋の基礎のくさびどめの可能性があり、使われたのは江戸前期の橋ではないか」とみている。

植物園内で見つかった謎の穴あき石の一つ。くさびを打ったような小さな穴もあった（京都市左京区・府立植物園）

メンバーの武内良一さん（77）によると、五条大橋が1645年の架け替え時に白川石を使ったと記録に残っている。明治時代完成の平安神宮や京都府庁旧本館中庭には三条大橋や五条大橋で使われた橋柱が残り、作庭に利用されている。

植物園は大正時代の1923年、「大正大典記念植物園」として完成した。造営は、京都で行われた国家的な「大正大典」と連動した府の大事業であり、武内さんは「多くの樹木が特例で集められたので、石材もそうあっても不思議ではない。いろいろと記録を調べているが、五条大橋で使われた橋脚台ではないだろうか」と推測している。

12月29日(金)付

ミニシアター「出町座」開館　上京

京都市上京区の出町桝形商店街に28日、新しいミニシアター「出町座」がオープンした。2スクリーンを備え、国内外の映画を上映する。運営会社の志摩敏樹代表(55)はセレモニーで「商店街を盛り上げ、映画のまち、文化のまち京都を引っ張っていきたい」と意気込みを語った。

出町桝形商店街にオープンしたミニシアター「出町座」。こけら落としには行列もできた(28日午前11時45分、京都市上京区)

7月まで元立誠小(中京区)にあった立誠シネマを運営していた「シマフィルム」(本社・舞鶴市)がビルを改装して開いた。スクリーンは2階(48席)と地下1階(42席)にある。

28日は、フランスのリュミエール兄弟が1895年、世界初の映画であるシネマトグラフを商業公開した記念日。それに合わせて、こけら落としには、同兄弟の作品を再編集した新作映画「リュミエール!」を2階で上映。1回目の上映は満席になった。

地元商店街の井上淳理事長(71)は「出町一帯は多くの映画やアニメの舞台になっており、全国からファンが集まり、街がにぎわってほしい」と期待を話していた。

12月29日(金)付

希少ベニバナヤマシャクヤク　雲ケ畑　初の保全地区に

京都府は、府内で絶滅の恐れがあるボタン科のベニバナヤマシャクヤクが残る京都市北区雲ケ畑の43ヘクタールを「生育地保全地区」に指定した。野生生物の保全に関する条例に基づく初の指定で、開発行為を実質的に制限する。

ベニバナヤマシャクヤクは、6月ごろに白色や淡紅色の花を咲かせる。府が絶滅寸前種に選定しており、南丹市美山町にも生育地がある。

雲ケ畑保全地区には約1500本が生育しており、大半は白色の花を咲かせる。地区指定により採取が禁止された。地区全体のうち6ヘクタールは「管理地区」に設定となり、土石の採取や木の伐採にも許可が必要になった。周辺の37ヘクタールは「監視地区」で、届け出をしなければ建物の新築や土地の開墾ができなくなった。条例違反には罰則も設けた。地区指定には地元住民や地権者が協力した。

山中でかれんに咲くベニバナヤマシャクヤク(京都市北区雲ケ畑)=「雲ケ畑・足谷 人と自然の会」提供

雲ケ畑では、ベニバナヤマシャクヤクの保全団体「雲ケ畑・足谷　人と自然の会」が2008年から地元住民らと分布調査や下草刈り、観察会などに取り組んできた。

このほどメンバーや自治会代表らが地区指定の報告会を開いた。運営委員長の西野護さん(71)は「お花畑をつくろうというのではなく、自生の環境に戻していくことが大切。地域との連携、市民参加で調査や保全の活動を広げていきたい」と話した。

1月

1月4日(木)付

姫が雅に札さばき 八坂神社で かるた始め式

平安装束をまとい、おっとりとした手つきで札を取るかるた姫たち（京都市東山区・八坂神社）

1月10日(水)付

勢いつく1年に　東山・宵えびす祭

新年の商売繁盛や家内安全を願う初えびすの宵えびす祭が9日、京都市東山区の恵美須神社で開かれた。自営業者や会社員らが、家族や同僚と一緒に縁起物の「吉兆笹」を求めようと詰めかけた。

「えびす神」が生まれたとされる1月10日のえびす大祭に合わせ、毎年8～12日に開かれている。

9日夜は「商売繁盛でササ持ってこい」のかけ声や奉納神楽の音色でにぎやかな雰囲気に。参拝者は本殿前で手を合わせたり、巫女（みこ）に宝船や絵馬、福箕を飾ったササを授けられて、明るい表情を浮かべて家路についていた。

同僚10人と訪れた下京区の会社員上杉達郎さん(36)は「まずは3月決算で目標を達成して今年の勢いをつけたい」と意気込んでいた。

開門は11日まで夜通しで、最終日の12日は午前9時～午後10時。

参拝者の求めに応じ、吉兆笹にタイや千両箱などの飾りを付ける巫女（京都市東山区・恵美須神社）

1月6日(土)付

スポーツの神様　最後の一押しを

2018年がスタートした。今年は平昌冬季五輪・パラリンピックがあり、サッカーワールドカップ（W杯）ロシア大会も開催される。選手自らが祈願することはもちろん、スポーツを見る側も選手を応援してみてはいかが。京都にあるスポーツにかかわる神社をいくつか紹介する。

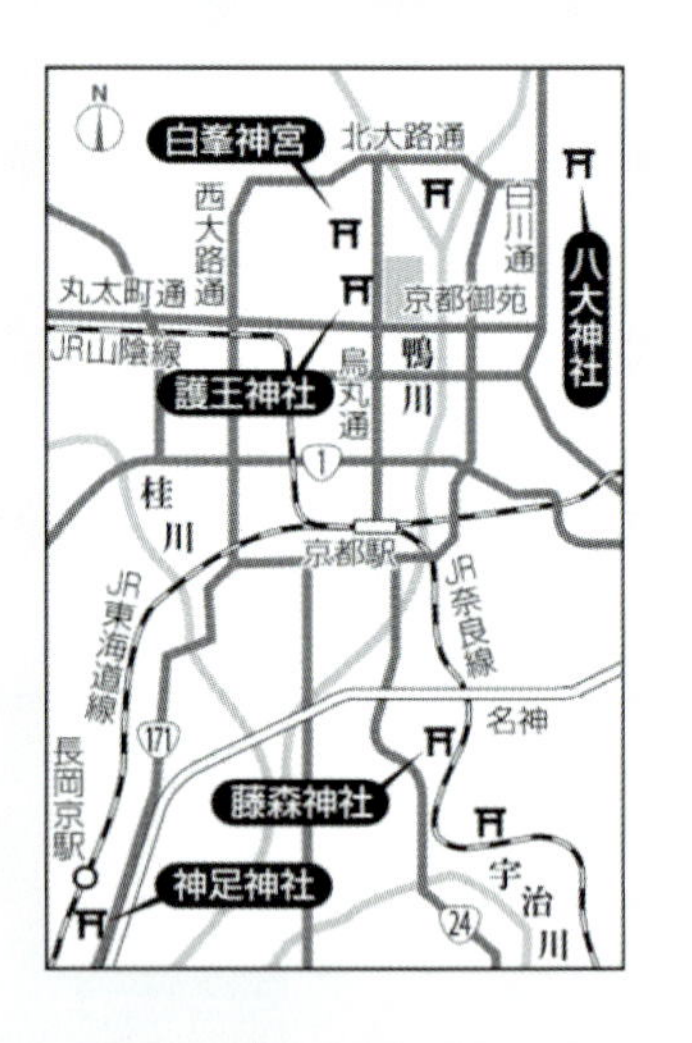

〈武道〉　八大神社◆左京区

宮本武蔵の銅像の前で「勝守」を手にする竹内禰宜

江戸時代の剣豪、宮本武蔵が吉岡一門と戦う前に立ち寄ったとされ、氏子らが境内に建てた武蔵の銅像が迎えてくれる。

禰宜の竹内政裕さん（42）は「武蔵は何かにすがりたくて立ち寄ったが、『我れ神仏を尊んで神仏を恃まず』と悟り、祈りをせずに決闘の場『一乗寺下り松』に向かった」と説明する。

西へ約200メートルの場所にある下り松は5代目。初代の松は神木として境内にまつられている。30年ほど前から、初代の松の小さな破片を添えた「必勝開運」というお守りを授与し、今では「勝守」の名前にしている。武道だけでなくスポーツにかかわる人が参拝する。

毎年1月5日、地元の「京都下り松道場」の小中学生の剣士たちが上達祈願に訪れる。修学院第二小6年の奥田誠也君（12）は「宮本武蔵みたいに強くなりたい。そのためには練習を一生懸命頑張りたい」と誓っていた。

〈足腰〉　護王神社◆上京区

「足腰の守護神」とされ、境内にはイノシシの像が建つ

「足腰の守護神」で知られ、陸上選手をはじめけがの回復を願う参拝者が集まる。奈良、平安期の貴族の和気清麻呂が祭神。清麻呂が道鏡事件で流された際、道中をイノシシが守り、切られた足のけがが治ったという故事にちなむ。

全国高校駅伝が開かれた昨年12月下旬には選手や関係者が訪れた。東京都の大澤由紀子さん（53）は、長男が国学院久我山高の控え選手。足のけがを抱える息子に対し「神様にすがりたくなります」と祈った。14日には全国女子駅伝があり、大勢のランナーが訪れそうだ。

境内の絵馬には陸上関係者以外の願いも。フィギュアスケートの宮原知子選手＝関西大、京都市中京区＝が奉納した絵馬や羽生結弦選手の活躍を願うファンの絵馬が並ぶ。禰宜の本郷貴弘さん（46）によると、亥年だった2007年から御利益を求める参拝者が増えたといい、「ネット上で広まっていることを感じる」と語る。

〈陸上・サッカー〉　神足神社◆長岡京市

長岡京を築いた桓武天皇が神様の足が降り立つ夢を見て、その場にほこらを築いたのが起こりとされる。

「神の足」にちなみ、全国女子駅伝の京都チームに毎年、氏子たちがお守りを手渡している。権禰宜の吉野光一さん(70)は「少なくとも20年以上前から続いている」とほほえむ。

口コミもあり、地域の氏神が注目を集めている。陸上やサッカー関係の参拝者が増え、昨年2月、サッカーJ1のあるクラブの監督らが祈願に訪れた。「たまたまですよ」と吉野さんは謙遜するが、そのクラブは昨季、上位につけた。

吉野さんは「努力することが大切。最後に神様が手助けしてくれるという気持ちで参拝してもらえたら」と呼び掛ける。

さまざまな競技で使用されたボールが奉納されている

〈競馬・馬術〉藤森神社◆伏見区

5月5日の藤森祭が菖蒲(しょうぶ)の節句発祥の祭りと伝えられ、「勝負」つながりで、スポーツの大会前には祈願に来る選手が多いという。

競馬関係者の参拝が特徴。藤森祭では、戦勝祈願が起源の馬上で曲乗りを披露する「駈馬(かけうま)神事」が行われる。転機は40年ほど前。参拝客から「競馬の必勝祈願はできないか」と尋ねられ、競走馬が描かれた絵馬を授与し始めた。

京都競馬場でのレース前には、騎手や馬主らの姿が見られるという。GⅠレースの多い秋は競馬ファンでにぎわう。

馬の安全を祈る馬術関係者の参拝も増えた。藤森長正宮司(53)は「騎手にとって馬は大切な相棒。自分のことのように考えているのだと思う」と話した。

〈球技〉白峯神宮◆上京区

「球技の神様」として知られ、サッカーやラグビーW杯の公式球、プロ野球、水球、セパタクローなど幅広い球技のボールが奉納されている。

球技関係者の崇敬を集めるのは、蹴鞠(けまり)とのゆかりが深いから。同神宮は、蹴鞠と和歌の宗家である飛鳥井家の屋敷跡に建っており、同家の守護神「精大明神」を受け継いでまつっている。

球技以外の選手が参拝する姿も。平昌冬季五輪に出場するフィギュアスケートの宮原知子選手が昨夏訪れ、必勝を願ったという。故障からの復活を目指していた時期。権禰宜(ごんねぎ)の北村友湖さん(30)は「練習の成果が発揮できるように祈願されていました」と振り返る。

今夏、サッカーのW杯がロシアで開かれ、日本の勝利を願う参拝者も増えそうだ。北村さんは「競技者が自分を見つめ直す場になっているのでは」と考えている。

1月1日(月)付

平穏 御神火に祈り 八坂神社・をけら詣り

京の年越しの伝統行事「をけら詣(まい)り」が31日、京都市東山区の八坂神社であった。詰めかけた多くの参拝者が、灯籠の御神火を縄に受け、家族の健康や家内安全を祈った。

をけら詣りは、薬草のをけらを燃やして邪気を払う。持ち

新年の平穏を祈って縄に火を移す参拝者たち(31日午後7時5分、京都市東山区・八坂神社)

帰った火で雑煮を炊いたり、縄を神棚に供えたりして、新年を祝う。

午後7時すぎ、神職が境内3カ所に設けられた燈籠に火をともすと、願い事が書かれた木札が勢いよく燃え上がった。参拝者たちは、周囲から手を伸ばして縄の先端に火を移し、消えないようにくるくると回していた。

家族4人で訪れた翻訳業、橋村千鶴さん(49)=東京都=は「普段は家族が離れて暮らしているので、それぞれの場所で活躍できるように願いました」と話した。

1月5日(金)付

平安のみやびな足技 下鴨神社・蹴鞠初め

新春恒例の蹴鞠(けまり)初めが4日、京都市左京区の下鴨神社で行われた。平安装束を身に着けた「鞠足(まりあし)」と呼ばれる人たちが優雅に鞠を蹴り上げ、四方を囲んだ見物客が歓声を上げた。蹴鞠は飛鳥時代に日本に伝わり、貴族の間で流行した。現在は1903(明治36)年に発足した「蹴鞠(しゅうきく)保存会」が伝承。同神社の蹴鞠初めは昭和30年代から同保存会が奉納している。

鞠をおはらいした後、境内に設けられた正方形の鞠庭で行われた。烏帽子(えぼし)に水干、はかま姿の鞠足が「アリ」「ヤア」「オウ」と掛け声を発し、鹿と馬の皮で作られた直径約20センチ、重さ約150グラムの鞠を右足で蹴り上げた。周囲には人垣ができ、鞠を続けて蹴り上げると歓声が湧き、落とすとため息が漏れた。大学の部活でサッカーをしていた長野県須坂市の小学校教員宮下佳恵さん(40)は「昨年はよく見えず、今年はしっかり見たいと思って来ました。サッカーとは異なる、みやびな雰囲気でした」と話した。

平安装束に身を包み華麗な足技を披露する鞠足たち（京都市左京区・下鴨神社）

1月6日(土)付

「そろばんはじき初め」子どもら元気よく 北野天満宮

熱心にそろばんをはじく子どもたち（京都市上京区・北野天満宮）

1月8日(月)付

京に花の春 心新た 芸舞妓 始業式

正月用の稲穂のかんざしを挿し、技芸の精進などの心得を唱和する祇園甲部の芸舞妓たち（7日午後0時5分、京都市東山区・ギオンコーナー）

1月10日(水)付

厳寒和む　新春の一服
上京　茶道表千家が初釜

茶道表千家の初釜が10日、京都市上京区の不審菴で始まった。寒中の本格的な冷え込みの中、政財界や文化など各界の招待客が訪れ、茶室残月亭と九畳敷で千宗左家元が練る一碗の茶に心を和ませた。

午前10時すぎ、千宗室裏千家家元や千宗守武者小路千家家元、山田啓二京都府知事ら20人を初席に迎えた。床には、千家再興の基となった「少庵召出状」と三代元伯宗旦筆の「春入千林(はるいるせんりん)処々鶯(しょしょにうぐいす)」の軸が掛けられ、宗左家元が、えとの犬が描かれた新調の水指や四代江岑作の茶杓(ちゃしゃく)「鶯」などを用いてもてなした。

表千家家元は2月末に代替わりが予定されていることから、正客の宗室家元は「ことさら味わい深く感じます。(これまで)いい勉強をさせていただきました」とあいさつした。

初釜は14日まで続き、約1500人を迎える予定。17～20日は東京でも開く。

結柳など初春らしいしつらえの茶室で濃茶でもてなす千宗左家元(中央)と宗員若宗匠(左端)＝京都市上京区・表千家不審菴

メモ

1月15日(月)付

新成人　願いを射抜いて 三十三間堂「通し矢」

京都市東山区の三十三間堂で14日、新成人が弓道の腕を競う新春の風物詩「通し矢」が行われた。振り袖やはかまを着た女性など約2千人が、成長を誓いながら力強く弓を引いた。

通し矢は鎌倉時代に始まり、江戸時代には武士が三十三間堂の軒下で弓の技術を競ったとされる。現在は京都府弓道連盟と妙法院門跡が共催する「三十三間堂大的全国大会」として毎年催されている。

この日の京都市内は、最低気温が平年より1・5度低い氷点下0・1度まで冷え込んだ。凛とした空気に包まれた境内の射場で、新成人たちは集中力を高めて60メートル先の大的に狙いを定め、次々と矢を放った。

伏見区の公務員二宮明日香さん(19)は「寒くて手がかじかんだけど、良い記念になった。社会人としてしっかり働きながら弓道も上達したい」と息を弾ませていた。

1月20日(土)付

西陣織　新素材開発で活路

西陣織の強度を職人の技術で高め、電車の座席シートや高級車の内装向けなどの産業用資材として和装以外の製品に活用する動きが広がっている。生活様式の洋風化を受け、西陣の主力品である帯地や金襴の需要は縮小の一途にある。従来の織物にない機能を持たせた新素材を開発し、新たな用途に可能性を見いだそうとしている。

電車シート・高級車内装・スマホケース

「観光客や市民らに西陣織をもっと身近に感じてほしい」と電車の座席シートの開発に取り組むのは、人形や表具向けに金襴を扱う小川織物(京都市上京区)、岱崎織物(同)、もりさん(同)の3社。これまでに京都市バスの座席カバーを手がけた実績もあり、昨夏から鉄道車両の座席メーカーの工場や京都市営地下鉄の車両を見学するなどして、計画を進めている。

電車の座席シートは座り心地に加え、耐久性や難燃性が求められる。このため、防炎などの加工がしやすいポリエステルに金や銀の箔を巻いた糸を組み合わせ、金襴用の織機で試作している。糸の太さや本数、織り方を変えながら、座席メーカーの協力で強度試験を重ねていく予定だ。京都を走る電車を念頭に採用を目指している。

岱崎織物の山﨑徳子取締役は「導入へのハードルが高い電車の素材に採用されれば、他の分野にも用途が広がるはず」と意気込む。

帯地メーカーのフクオカ機業(同)は、軽くて強い炭素繊維の柄織り技術を生かし、これまでに自転車のフレームや釣りざお、ゴルフ用具などの幅広い用途で織物を提供してきた。今年は、新たに自動車の内装材として国

1月15日(月)付

「頂礼」冷気吹き飛ばせ 伏見・法界寺　裸踊り

下帯姿の男たちが体をぶつけ合う「裸踊り」が14日夜、京都市伏見区日野の法界寺で営まれた。冷え込む境内に威勢のいい男たちの「頂礼、頂礼」の掛け声が響き渡り、参拝者が無病息災を願った。

裸踊りは江戸中期に始まったとされ、五穀豊穣などを祈願して元日から続く「修正会」を締めくくる結願法要で営まれる。同寺は安産、授乳の信仰があり、下帯は安産祈願の腹帯として尊ばれている。

午後7時15分ごろ、僧侶たちがほら貝を吹きながら現れ、薬師堂で読経した。国宝の阿弥陀堂では、地元の子どもたちが手をたたきながら、元気な声で仏への帰依を意味する「頂礼」を連呼した。

▲電車の座席シートに用いる西陣織の金襴。素材やデザインを検討し、年内の導入を目指す（京都市上京区・西陣織会館）

▲炭素繊維の織物。高級自動車の内装に用いられることが決まっている（上京区・フクオカ機業）

◀西陣織の帯地を樹脂加工し、織物の手触りを楽しめるスマホケース（京都市上京区・富坂綜絖店）

内メーカーへの納入が決まっている。

市松や唐草などの古典柄を炭素繊維で織り、樹脂で加工した部品を、1千万円以上の高級限定車に用いる方向だ。今後は、着色しやすいガラス繊維を織り交ぜたカラフルな柄の部品も納入を目指す。

同社では炭素繊維関連の受注が年々伸び、今では売上高が帯地に並んだ。福岡裕典社長は「炭素繊維の織物の量産体制を整え、数百億円の売り上げを実現したい」と将来を描く。

西陣織を特殊加工したスマホケースで人気を集めているのが、工芸品の富坂綜絖（そうこう）店（同）だ。帯地の裏を樹脂で加工し、縁を金箔で固め、手触りの感触や意匠を損なわずに強度を高めた。インターネット通販を中心に昨年は千個を販売した。富坂儀一郎代表は「糸のほつれが出ないように工夫した。西陣織の柄や手触りを手軽に楽しんでほしい」と特長を話す。

こうした西陣織を使った新素材の開発を支援しようと、西陣織工業組合（同）も企業同士のマッチングや技術協力、補助金申請の助言に力を入れている。辻本泰弘専務理事は「西陣は帯に並ぶ代表的な製品が必要な時期に来ている。付加価値を高めた織物を通じ、職人らが利益を拡大できるように協力したい」と異分野への広がりに期待をかける。

その後、水をかぶった大人の男性17人が登場。大声をあげながら、白い湯気を立てて激しく体をぶつけ合う迫力ある姿に、参拝者たちが見入っていた。

「頂礼、頂礼」と威勢のいい声を響かせ、踊りを奉納する子どもたち（京都市伏見区・法界寺）

1月15日(月)付

青竹打ち付け　病魔を退散
宇治田原・阿弥陀寺で「縁たたき」

宇治田原町高尾(こうの)の小正月の伝統行事「縁(えん)たたき」が14日、同地区の阿弥陀寺で営まれた。男性たちが青竹を打ち鳴らし、一年の無病息災を願った。

同寺に祭られている薬師如来は荒行を好むとされる。縁たたきは大きな音で薬師如来を喜ばせて病魔を退散させようと始まったと伝わり、女人禁制で毎年この日に行われる。

男性たちが縁側に置かれた板に青竹を打ち付けた「縁たたき」の行事(宇治田原町高尾・阿弥陀寺)

登田良樹住職がお経を無言で唱える中、男性たちが本堂の縁側に置かれた板を長さ1メートルほどの竹でたたき続けた。約20分後に登田住職が鐘を鳴らすと、さらに勢いよくたたいて竹を割った。

高尾地区は人口減で現在10世帯しか住んでいないが、今年は見学に訪れた人も縁たたきに加わった。植村英夫区長(74)は「にぎやかに厄を払うことができた」と話していた。

1月19日(金)付

徳利いかで　一杯いかが
宮津、生産ピーク

スルメイカに手際よく空気を入れていく鞍岡さん(手前)=宮津市漁師

1月21日(日)付

初春のよろこび託し朗々と
冷泉家で歌会始

平安時代からの和歌の道を伝える歌道宗家・冷泉家の歌会始が20日、京都市上京区の冷泉家住宅で開かれた。門人たち約100人が集い、初春のよろこびを託した歌を朗々と披講し、一年の精進を誓った。

藤原俊成、定家を遠祖とする同家の年中行事。狩衣(かりぎぬ)姿の第25代当主冷泉為人さんら装束をつけた5人が、兼題の「霞(かすみ)」を詠んだ9首を独特の調子で詠み上げ、門人たちが唱和した。

このうち、為人さんは「佐保姫のたもとゆたかに霞たちほのほの聞こゆ鶯の声」と春の女神を、当主夫人の貴実子さんは「春の宵梅か香窓辺に渡り来て霞の奥におほろの月影」と梅香る春の宵を詠じた。

暦の上で「大寒」のこの日、即興で詠む当座式の題には「霜」が出され、参会者は静かに墨をすりながら歌想を練り、初詠みに臨んでいた。

みやびな雰囲気の中で次々と「霞」を詠んだ和歌が披講された歌会始(京都市上京区・冷泉家)

1月22日（月）付

明治維新
150年

京に幻の「西郷像」構想　史料見つかる
東山・霊山歴史館　東京・上野の除幕10年前

明治維新の立役者、西郷隆盛の銅像が京都に建っていたかもしれない—。「幻の西郷像」の構想があったことを示す新史料が、京都市東山区の霊山歴史館で見つかった。明治時代に東京・上野で西郷像が除幕する10年も前に、清水寺（同区）の参道沿いに西郷像の建立計画が持ち上がっていたことが分かる史料で、京都での西郷の人気ぶりがうかがえる。

史料は「西郷隆盛翁記念碑建設目論見ニ関スル書類」。清水寺寺侍で志士だった近藤正慎の末裔から同館に寄贈された。

1888（明治21）年に京都で西郷像を建てる計画を記した書簡で、植田楽斎という人物が発起人となっていた。また、当時の建築家・河合浩蔵が設計した軍服、騎乗姿の西郷像のイメージ図もあった。77（同10）年に西南戦争で西郷が自刃して10年前後という早い段階で銅像建立の運動が京都で起きていたことが分かる。

史料を読み解いた同館の木村幸比古副館長（69）によると、西郷像の建設予定地は、現在の清水坂観光駐車場辺り。薩摩藩士の樺山資紀や綾部藩士の九鬼隆一の呼び掛けに、西郷の弟・従道も賛同したが、発起人の植田が亡くなり、立ち消えになったという。

植田は、幕末に薩摩藩と親密だった公家の嵯峨（正親町三条）実愛の近親者。「嵯峨実愛日記」によると、実愛は薩摩藩の大久保利通や小松帯刀と頻繁に面談しており、西郷ともつながりがあった。

木村副館長は「西郷を慕って植田が提唱したとみられ、公家から西郷への信頼を示している。京都の復興と西郷の復権と合わせて盛り上がった運動と考えられる。立派な像を見れば、西郷の妻イトも納得しただろう」と話している。

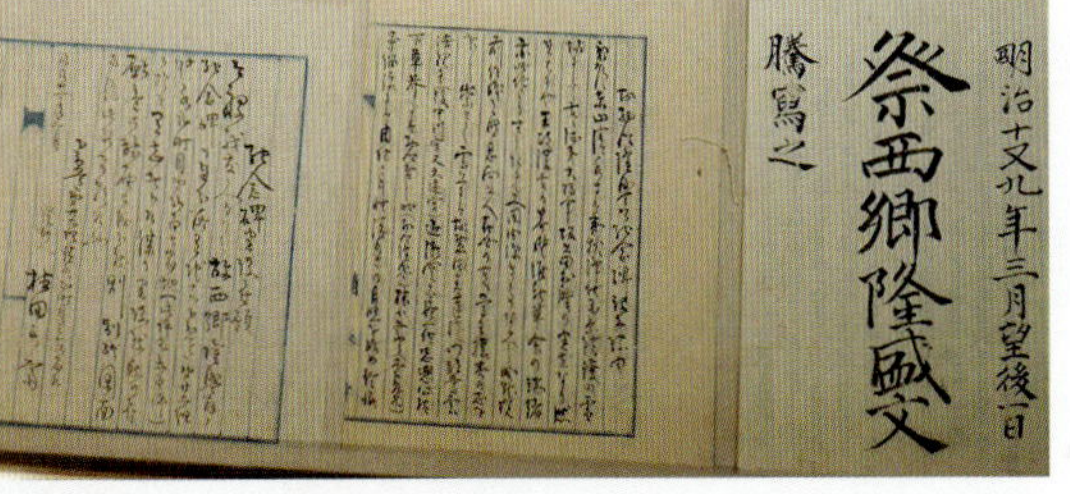

▲西郷像の建立計画が記された書類（霊山歴史館蔵・提供）

◀京都で建立の計画があった西郷隆盛像のイメージ図（霊山歴史館蔵・提供）

▲西郷像の建立を予定していた清水寺参道広場の跡地。現在は駐車場になっている（京都市東山区）

▲東京の上野公園にある西郷像。京都に銅像があれば人気の名所になったに違いない（東京都台東区）

1月29日(月)付

笹酒一献、厳寒なんの狸谷山不動院で「初不動」

京都市左京区一乗寺の狸谷山不動院で28日、恒例の初不動が営まれた。前日までに降った雪が残る境内に大勢の参拝者が詰め掛け、がん封じに御利益があるといわれる笹酒が振る舞われた。

毎月28日は本尊である不動明王の縁日で、最初の1月は「初不動」として知られている。笹酒は、約300年前に木食上人が狸谷山に流れる滝の水を青竹の筒にくんで病人に飲ませたところ、病気が治ったという言い伝えにちなんでいる。

この日、京都市内は早朝に氷点下1・2度まで冷え込んだ。寒さが厳しい中、午前9時ごろから本殿までの長い石段を参拝者が続々と上がってきた。青竹の筒に入れて護摩の火で温められた酒を杯で受け取り、無病息災を祈って飲み干していた。

毎年訪れているという熊谷善行さん(72)=左京区=は「今年も健康で頑張りたい。笹酒に力をもらいました」と話した。

竹筒で振る舞われるがん封じの笹酒を杯で受ける参拝者(京都市左京区・狸谷山不動院)

1月29日(月)付

「鬼やろう」邪気払い　息災願う石清水八幡宮で節分行事

石清水八幡宮の節分行事「鬼やらい神事」が28日、八幡市八幡の同宮であり、参拝者たちは福豆を求め、一年の無病息災を祈った。

毎年、節分前の日曜に行われる。本殿前に設けられた舞台に「鬼やらい人」が進み、邪気を払うとされる桃の枝を付けた弓を手に、四方と今年の恵方の南南東に向かって弦をはじいた。続いて、剣に見立てた桃の枝を振りかざした。

参道に赤と緑の鬼が現れ、盛り上がりは最高潮に。金棒を持って威嚇する鬼に、「ちゃんとやりますー」と泣きじゃくる子も。本殿に上がろうとする鬼に、神職や年男、年女が「鬼やろう」と言いながら豆を投げつけて撃退した。詰めかけた人たちは、迫力ある様子を写真に収めたり、まかれた福豆の袋を取り合ったりしていた。

鬼の登場に泣く子どももいた「鬼やらい神事」(八幡市八幡・石清水八幡宮)

2月

寒風の中、ほころび出した梅の花（京都市右京区・梅宮大社）

2月13日（火）付

厳寒に咲く紅白の輝き
右京・梅宮大社

2月3日（土）付

暴れる鬼　厄と共に去りぬ
吉田神社で追儺式

追儺式で方相氏に追い詰められる３匹の鬼たち（２日午後６時21分、京都市左京区・吉田神社）

３日の節分を前に、京都の「表鬼門」とされる吉田神社（京都市左京区）で２日夜、鬼やらいの名で親しまれる「追儺（ついな）式」が行われた。災厄を象徴する青や赤、黄色の鬼が暴れ回った後に追い払われる様子を、多くの参拝者が見入った。

午後６時すぎ、神事が行われている境内に、３匹の鬼が雄たけびを上げながら現れた。鬼たちは長さ約１・５メートルの金棒を振り回し、境内に集まった参拝者を脅かした。

邪気を見抜く力があり、矛と盾を手にした「方相氏」は、暴れていた鬼を追い詰め、徐々に弱らせていった。神職らが葦の矢を桃の弓につがえて放つと、鬼は境内から退散した。

追儺式は平安時代に宮中で行われていた儀式を今に伝える神事。３日午後11時からは、古いお札を集めて焼き納める「火炉祭」が行われる。

2月3日(土)付

洛陽三十三所、記者が体験
満願に達成感　朱印ブーム

朱印ブームと言われて久しい。立ち寄った寺や神社で朱印帳を差し出すだけでなく、古くからある巡礼コースに出掛ける人も多いようだ。朱印に人気が集まるのはどうしてか。なぜ人は巡るのか。京都市内で代表的な霊場「洛陽三十三所観音巡礼」の全ての寺院を記者が巡って朱印を集め、理由を探った。

洛陽三十三所は、2府5県にまたがる巡礼の最古参の観音霊場「西国三十三所」を模してつくられた。京都市内の観音菩薩(ぼさつ)を祭る寺院を集め、平安末期に後白河天皇が創始したと伝わる。

「洛陽三十三所」締めくくりの札所で朱印をしたためる僧侶(京都市上京区・清和院)

応仁の乱による中断を経て江戸時代に復活したが、明治維新の廃仏毀釈(きしゃく)で再び廃絶。2005年、町中や東山連峰に点在する7行政区の33寺院で再興された。

一番札所の六角堂(頂法寺、中京区)は市中心部のビル街の一角にある。「西国―」の十八番札所でもあり、おいずりに輪袈裟(わげさ)姿の巡礼者が多い。「必ずしも順番通り回らなくてもいいですよ」。職員が朱印を押しながら話す。納経料(朱印代)は各札所共通で300円だ。

繁華な六角通を東に10分ほど歩くと、二番の誓願寺(同区)に着いた。市内有数のにぎやかさを誇る新京極商店街の中にあり、参拝も買い物も楽しめる。さらに寺町通を北上し四番の革堂(こうどう)(行願寺、同区)に入った。西の空は赤くなっていた。そのうちに一つでも多く朱印をもらおうと思うと、自然と足が速く動いた。

多くの札所は京都盆地の「底」にあるが、東山連峰にある清水寺(東山区)や泉涌寺(同区)、神楽岡にある真如堂(真正極楽寺、左京区)にもあり、激しいアップダウンを体験した。参拝しながら観光も楽しめる。何より歩いてお参りできること自体が健康である証拠だ。

札所を巡って気付いたことがある。どこも観音菩薩を祭っているのに寺の宗旨は天台宗や浄土宗、真言宗など多岐にわたる。多様な教えに触れた

洛陽三十三所の各寺院で受けた朱印と、33の寺院を巡拝した証拠でもある「満願証」

洛陽三十三所の札所

1. 六角堂(頂法寺)
2. 誓願寺
3. 清荒神護浄院
4. 革堂(行願寺)
5. 新長谷寺
6. 金戒光明寺
7. 長楽寺
8. 大蓮寺
9. 青龍寺
10. 清水寺善光寺堂
11. 同奥の院
12. 同本堂
13. 同朝倉堂
14. 同泰産堂
15. 六波羅蜜寺
16. 仲源寺
17. 三十三間堂
18. 善能寺
19. 今熊野観音寺
20. 泉涌寺
21. 法性寺
22. 城興寺
23. 東寺(教王護国寺)
24. 長円寺
25. 法音院
26. 正運寺
27. 平等寺(因幡堂)
28. 壬生寺中院
29. 福勝寺
30. 椿寺(地蔵院)
31. 東向観音寺
32. 廬山寺
33. 清和院

り、由緒書きを読むことで意外な歴史を発見したりできる。

別の日に二十八番、壬生寺中院(中京区)の朱印所で待っていると、会社員藤原重治さん(55)=左京区=に出会った。2年前、市内の神社を巡る「京都十六社朱印めぐり」を全て回ったことをきっかけに、各地で朱印を受けるようになったという。「朱印帳を見て参拝した日の思い出を振り返れるのが魅力。洛陽三十三所も回ってみようと思う」と話した。

平成洛陽三十三所観音霊場会の広報担当で壬生寺中院住職の松浦俊昭さん(50)は「洛陽三十三所の巡礼者は再興以降増え続けている。日本各地だけでなく外国からの参拝者も多く、台湾ではガイド本も出版されている」と語る。

締めくくりは清和院(上京区)。満願証(千円)をお願いすると「おめでとうございます」と祝福された。寺を後にし、粉雪が舞う中で達成感をじんわりとかみしめた。

徒歩とバス、地下鉄で8日間かけた巡礼の旅。季節が変われば異なる風景が見られる。春か秋にもう一度回ろうと心に誓った。

2月2日(金)付

瞬く春夏秋冬 映像マッピング 京都鉄道博物館で

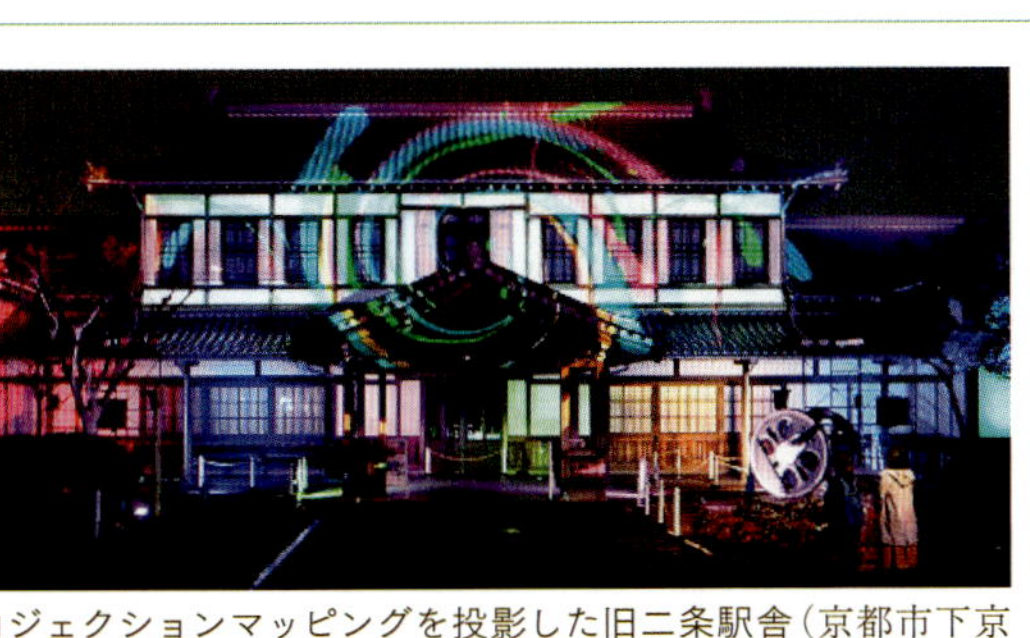

プロジェクションマッピングを投影した旧二条駅舎(京都市下京区・京都鉄道博物館)

2月2日(金)付

餅花ささげ 豊作祈願 木津川・相楽神社

一年の豊作を祈願する伝統行事「餅花祭」が1日、木津川市相楽の相楽神社であった。竹串に刺した白い餅を花に見立てて拝殿に飾り、華やかな雰囲気の中で神事が営まれた。

同祭は神社の正月行事として、御田祭など一連の行事とともに府無形民俗文化財に指定されている。

氏子でつくる宮座の当番が、わらで覆ったひょうたん形の粘土に、餅を通した串を挿して餅花を作り、この日の朝に拝殿などにつるした。今年から一般奉納も受け付け、計21個が境内を彩った。

午後からは神楽が奉納された。冷え込む中で厳かに進む神事を、氏子や住民、近くの相楽小児童らが見守った。祭りの後、氏子が餅を受け取り、食べて無病息災を祈った。

餅花が彩る拝殿で神楽が奉納された餅花祭(木津川市相楽・相楽神社)

2月3日(土)付

炮烙に厄よけ託す 壬生寺 家族の名を書き奉納

中京区の壬生寺では2日、春と秋の壬生狂言で「炮烙割」上演時に割られる素焼きの土鍋、炮烙の奉納が始まった。参拝者は厄よけを願いながら家族の名を書き寺に納めていた。

境内の参道では直径約25センチの炮烙が積み重ねられ、求める参拝者の人垣ができた。訪れた人たちは家族全員の年齢や性別などとともに「家内安全」などと筆で書いた。

毎年訪れるという主婦南谷高子さん（54）＝下京区＝は「無病息災、交通安全を願いました。節分に壬生寺で祈願すると今年一年を安心に過ごせます」と話した。

同寺には炮烙を奉納すると、厄を払い福を招くとする信仰が伝わる。

炮烙を求め、家族の年齢や願い事を書く参拝者たち（京都市中京区・壬生寺）

2月3日(土)付

「福よ来い」　だるまに願う　上京・法輪寺

「だるま寺」の通称で知られる京都市上京区の法輪寺では2日、だるまの張り子や絵画が境内のあちこちに置かれ、開運を祈る人たちでにぎわった。

戦後の復興期に敗戦に気を落とす人たちを励まそうと、当時の住職が「七転八起」のだるまを復興のシンボルにしたことが、通称の始まりという。

この日は、佐野泰典住職（55）による「だるま説法」があり、公案と呼ばれる禅問答にある「犬には仏性があるのか、ないのか」の問いを紹介しながら、人の生きざまを語った。本堂の縁側にはたくさんのだるまの張り子が置かれ、参拝者がカメラに収めていた。

たくさんのだるまと向き合う参拝者たち（京都市上京区・法輪寺）

2月5日(月)付

「東市」に厨房あった？　出土の皿に「厨」　下京・龍谷大構内

平安京の公設市場「東市」に、役人の食事を担う厨房（ちゅうぼう）があった―。龍谷大大宮キャンパス（京都市下京区）で行われた東市跡の発掘調査に伴う昨年の整理作業で、皿底の一部に調理場を意味する「厨（くりや）」の文字が刻まれていることが分かった。東市を管理した役所「市司（いちのつかさ）」の調理場に関する皿とみられ、施設の配置など不明な点が多い市場内を知る上で貴重な発見という。

東市は、現在の大宮通と堀川通、正面通と七条通に囲まれた範囲に店や役所などが設けられ、周辺の「外町」に関係者が住んでいたと考えられている。

中世の公家の百科事典「拾芥抄（しゅうがいしょう）」や13世紀の絵図によると、「市司」の位置は大宮キャンパスにあたるが、これまでの発掘調査で明確な遺構や遺物は確認されていなかった。

今回見つかったのは、京都近郊産とみられる緑釉（りょくゆう）陶器の直径約10㌢の皿底で、とがった工具で「厨」と刻まれていた。9世紀後半の1・6㍍四方の方形木組み井戸跡から、瓦や土師器（はじき）と一緒に出土した。調査した龍谷大の國下多美樹教授（考古学）は「瓦屋根は当時、寺院や役所などに限られており、井戸や出土品は市司に関連する可能性が高い。料理を盛った皿を調理場から市司に届け、後で回収できるよう目印を刻んだのだろう」と推測する。

西山良平京都大名誉教授（日本古代・中世史）は「市司の推定場所で得られた貴重な物証だ。今後の研究や発掘調査を進める上で指標となる発見だ」と注目している。

東市跡で見つかった「厨」と刻まれた緑釉陶器の皿底の一部（下）

2月6日(火)付

国宝「宋版一切経」を公開
醍醐寺・指定後初めて

昨年9月に国宝に指定された醍醐寺(京都市伏見区)の「宋版一切経」が、指定後初めて同寺霊宝館で公開されている。経本のうち、詩人で能書家の蘇軾(そしょく)(蘇東玻(そとうば))の字体を写して活字とした部分を陳列し、それらを保管していた木箱の大半約500点も一堂に並ぶ。日中両国にまたがる一切経の歴史を伝える興味深い展示となっている。

一切経は仏教経典の全集のことで大蔵経ともいう。醍醐寺の宋版一切経は中国・南宋で木版印刷され、東大寺(奈良市)復興に携わった平安～鎌倉時代の僧重源が醍醐寺に奉納したと伝わる。604箱に6102帖あり、うち1～60箱目までが「開元寺版」、それ以降が「東禅寺版」と呼ばれる木版で刷られている。整然と現在まで保管されている点などが評価され国宝となった。

会場では、蘇軾の字を利用した部分のほか、木版を彫った「王生」、印刷した「林傑」など出版に携わった人物の名が記された部分などが並ぶ。さらに、字の周囲に竹などで跡を付けるたものもあり、当時の中国の僧侶たちが経文を音読していた様子が読み取れる。

経文を収めていた赤漆塗りの箱も陳列。「壹」「六」など側面に書かれた整理用「通し番号」なども見ることができる。

醍醐寺の長瀬福男さん(64)は「一切経は日中交流史、出版史、仏教史など多面的な分野から評価を受けている。ぜひ間近で見てもらいたい」と話す。

国宝指定後初めて展示されている「宋版一切経」(京都市伏見区・醍醐寺)

2月7日(水)付

ちょっとお先に銀盤の舞
京滋底冷え

凍結した池の上を滑るように進むサル(京都市西京区・嵐山モンキーパークいわたやま)

2月8日(木)付

蹴上発電所の見学　毎週金曜に
関電「歴史的建物見たい」に応え

関西電力は、明治24(1891)年に運転を開始した蹴上発電所(京都市左京区)の見学会を3月2日から毎週開催する。歴史ある建物や設備を見たいという要望が多いため、普段は公開していない施設を開放する。

同発電所は国内初の事業用水力発電所として稼働。琵琶湖疏水の水を引き込み落差を利用して発電し、京都の街灯や工場に電力を供給してきた。127年経た今も運転を続け、約5千世帯の年間電気使用量に相当する1570万キロワット時を1年間に発電している。

2016年には歴史的な産業技術や製品をたたえるIEEE（電気電子技術者協会）の「マイルストーン賞」に認定された。今年1月に京都市が1日限定で見学会を企画したところ、定員の60倍の応募があり、関電が定例化することにした。

毎週金曜の午前10時と午後1時半の2回開き、現役で稼働する発電所内部や旧発電所建屋などを巡る。

2代目の施設として明治時代末期に完成した旧水力発電所建屋（京都市左京区・蹴上発電所）

2月9日（金）付

内藤豊後守　功績知って
歴史フェス　住民ら新史料展示

江戸時代後期に伏見奉行を務め、町民から慕われた内藤豊後守（正縄）の功績を広めようと、郷土史を調べている「車石・車道研究会」のメンバーが、18日に同区である歴史フェスで展示を開く。昨年12月に新たに見つけた史料など、これまでに調べた成果を発表する。

天保から安政年間に在職した内藤は開墾や桑の移植などの殖産部門や疫病時に私費を投じて鎮めたなどの功績が知られている。奉行からの転任の報を聞いた町役が、江戸に行って内藤の留任を請願した逸話が残る。請願がかなったことを記念して、御香宮神社境内には「内藤豊後守様　御武運長久」などと刻まれた石灯籠が今も残されている。

新たに見つかったのは、内藤が町役に宛てたと見られる覚書で、有力な町方の大岡家の子孫の自宅で保管されていた。豊後橋（現在の観月橋）の管理や火災時の消火の分担について近隣の町民に命じる内容で、内藤の黒印が残されている。

文書を解読した同会の久保孝さん（69）は「伏見で橋の史料が見つかるのが珍しい。鳥羽伏見の戦いで焼けた一帯なので、貴重な文書ではないか」と話している。

18日に伏見区役所で開かれる伏見の歴史を発信する「歴史Do！フェス」（伏見歴史同好会主催）で発表される。フェスではこのほか鉄道史をテーマにしたシンポジウムや、展示発表などがある。

郷土史家らによって新たに民家から見つかった文書（京都市伏見区）

御香宮神社境内に残る、内藤への感謝を込めて町民が献納した石灯籠（京都市伏見区）

2月12日（月）付

お水取りのたいまつ「竹送り」
京田辺

奈良市の東大寺二月堂で「修二会」（お水取り）のたいまつに使われる竹を運ぶ行事「竹送り」が11日、京田辺市普賢寺であった。地元住民や小学生ら約400人が参加し、竹8本を奈良へ送り出した。

古くから伝わる風習で一時途絶えたが、地元の住民ら有志でつくる「山城松明講社」が19

2月16日(金)付

「大随求菩薩坐像」を「居開帳」
清水寺・随求堂　222年ぶり

世界遺産・清水寺(京都市東山区)は、境内の慈心院(随求堂)の本尊・大随求菩薩坐像をこの春と秋に開帳する。安置されている随求堂内で公開する「居開帳」は222年ぶりという。

同寺は観音霊場の「西国三十三所」の第16番札所。西国霊場は今年草創1300年を迎えることから、特別拝観の一環として実施する。

同寺によると、坐像は江戸時代中期の享保13(1728)年に造られた木彫像で像高110センチ。頭上に宝冠を頂き、8本の腕に五鈷杵や剣、蛇といった法具などを持つ。円形の光背には金泥の梵字が施されている。

随求堂は盛松権律師が享保20(1735)年に再興した。現在では暗い空間を歩いてお参りする「胎内巡り」で知られる。

これまでに大随求菩薩坐像が随求堂で開帳されたのは宝暦4(1754)年と寛政8(1796)年の2回。このお堂以外で本尊を公開する「出開帳」は、1989～2013年に、展覧会や清水寺境内の別の施設など計29カ所で実施されたことがあるという。

今回の居開帳に合わせて、清水寺境内の地蔵院善光寺堂で見つかった版木で「随求陀羅尼」を和紙に印刷したお札(50センチ四方)を千部限定で授与(有料)する。

居開帳は3月(終了)、10月5～15日。拝観料は100円。

(写真右)公開される大随求菩薩坐像(清水寺提供)
(左)見つかった版木を元に特別に授与される随求陀羅尼

78年に再興した。

近くの竹林で講社のメンバーが根元から掘り出した真竹2本を参加者が近くの観音寺に運び込んだ。事前に用意した6本とともに僧侶が道中の安全祈願の法要を営んだ後、参加者が力を合わせて担ぎ上げ、東大寺へ向かうトラックに積み込んだ。

家族と見に訪れた長田萌さん(25)=同市大住=は「お水取りに地元の竹が使われているのは、うれしい。伝統として続いてほしい」と話していた。

掘った竹を運ぶ子どもたち(京田辺市普賢寺)

明治維新150年

2月17日（土）付

「五榜の掲示」 京で発見
新政府の禁止令 2旧家に伝来

大政奉還後の1868（慶応4）年3月、新政府は治安維持を目的に「五榜（ごぼう）の掲示」を全国に発した。京都市内で当時掲げられた高札が昨年、相次いで市歴史資料館（上京区）に寄贈され、現在公開されている。

五榜の掲示は、新政府が国民に向けて初めて出した禁止令。全国の人通りの多い場所に設けた高札場に掲げられた。第1札では、身寄りのない者を哀れみ、殺人や放火など犯罪を禁止。第2札は徒党を組むことや強訴、第3札はキリスト教や邪宗門をそれぞれ禁じる内容が記されていた。戊辰戦争中の治安維持を重視し、江戸幕府の禁令を踏襲した内容となっていた。

寄贈されたのは、西京区の桂（旧徳大寺村）と上桂（旧上桂村）の2旧家に伝来した第1～3札の計5枚（縦43～48センチ、横98～150センチ）。両家は江戸時代の庄屋で明治初期に村の自治にも関わり、それぞれの家の前が高札場だった可能性があるという。

高札場は京都府内に157カ所あったといい、市歴史資料館の秋元せき研究員は「府内でいくつか見つかっているが、京都市内で掲示場所まで類推できる高札は希少だ」と話している。

京都市内で見つかった五榜の掲示の高札（京都市上京区・市歴史資料館）

2月24日（土）付

重くても力の限り 醍醐寺で五大力さん

巨大な紅白の鏡餅を持ち上げる時間を競う「餅上げ力奉納」が23日、京都市伏見区の醍醐寺で行われた。男性32人、女性13人の力自慢たちが一生懸命に餅を抱え上げた。

「五大力さん」として親しまれる同寺最大の法要「五大力尊仁王会」の行事の一つ。男性は150キロ、女性は90キロの餅で競う。力を奉納することで無病息災の御利益を受けられるとされる。

餅上げ力奉納は金堂（国宝）前の特設舞台で行われた。参加者の多くは初挑戦で餅が台を離れることはなかった。餅が持ち上がると僧侶が30秒ごとの経過秒数をアナウンス。参拝者からは歓声が上がり「がんばれ」「耐えろ」と声援が送られた。

男性の部では、5分16秒の記録で造園業岡村和哉さん（35）＝北区＝が、女性の部は6分28秒で主婦藤田桃子さん（31）＝亀岡市＝が優勝した。藤田さんは「昨年11月から練習を重ねていた。3回目の挑戦で優勝できてうれしい」と笑顔を見せた。

90キロある巨大な鏡餅を持ち上げようとする女性の部の参加者（京都市伏見区・醍醐寺）

2月26日（月）付

江戸―現代 おひなさま 愛らしく
道具類含め100点特別公開 北区

江戸時代から現代までのひな人形を展示する「永々棟のひなまつり 春の特別公開」が25日から、京都市北区北野東紅梅町の「平野の家 わざ永々棟」で始まった。愛らしい人形が来場者を迎えている。

毎年公開しており今年で8回目。数寄屋造りの建物に、ひな人形のほか、御所人形や市松人形も並ぶ。

ひな人形は、公家の装束をした「有職雛」や、京都の人形師雛屋次郎左衛門が作ったとされる「次郎左衛門雛」、現在のひな人形の源流とされる「古今雛」など。道具類を合わせて約100点を展示した。

大阪市平野区から訪れた久代勢津子さん(56)は「ひな人形を家族で並べた頃を思い出した。顔がみんな違って面白い」と話した。

春の特別公開で展示されているひな人形(京都市北区・平野の家　わざ永々棟)

2月28日(水)付

「有楽椿」薄ピンク愛らしく 等持院で見頃

見ごろを迎え、薄ピンク色の花が境内を彩る「有楽椿」(京都市北区・等持院)

2月28日(水)付

カキツバタ自生の北区・大田神社 本殿、拝殿修復　間近に　一般公開

京都市北区上賀茂本山の大田神社が、修復中の本殿と拝殿を3日と4日に一般公開する。檜皮をふく前の屋根や新しい材木を継いだ部材を間近に見たり、修復に携わる職人から説明を受けたりすることができる。

大田神社は、境内に国の天然記念物のカキツバタが自生することで知られる。上賀茂神社の摂社で、同神社よりも歴史が古いという。

現在の本殿と拝殿は府の暫定登録文化財。徳川家光の寄進で寛永5(1628)年に建て替えられ、江戸時代に7回修理された記録が残る。最後に本格修理されてから150年以上が経過し、腐食が進んでいることから、昨年11月から修復工事を始めた。

元の部材をできる限り再利用する方針から、柱や建物の側面の破風を飾る懸魚などは、腐食部分だけを取り除いて新しい部材をつぎ足した。今年秋に修理を終え、きれいになった本殿に神様を迎える正遷宮を行う予定。

神職は「神社がこの場所に存在し続けたことや、先人たちが後世に残すことを決めた文化財を知る機会にしてほしい」と話す。

一般公開される修復中の大田神社(京都市北区上賀茂本山)

3月

3月22日（木）付

楕円フェース「かっこいい」叡電、ひえいデビュー

「ひえい」の一番列車に乗り込む乗客ら（京都市左京区・叡山電車出町柳駅）

3月10日（土）付

三十三間堂の1001体　国宝に
木造千手観音立像　文化審答申

文化審議会（馬渕明子会長）は9日、三十三間堂（京都市東山区）の1001体に及ぶ木造千手観音立像と、長浜市西浅井町菅浦に伝わる鎌倉時代から江戸時代にかけての古文書「菅浦文書」を重要文化財から国宝に格上げするよう、林芳正文部科学相に答申した。

千手観音立像は、平安時代後期の創建時（1164年）の124体と、鎌倉時代の焼失後の再興で慶派や円派といった仏師集団が手掛けた観音像などからなる大群像。

1973年度に始まった全観音像の保存修理は、重文の彫刻1件の修理として過去最長を記録。45年間に及ぶ作業が昨年末に終了したのを機に、王朝文化の華やかさと壮大な規模を伝える記念碑的な作例として、国宝にするよう求めた。

三十三間堂の本坊妙法院の杉谷義純門主（75）は「今回の指定で堂内の仏像全てが国宝となり、次世代に伝える責任の重さをあらためて感じる」と話し、記念誌の発行など情報発信に力を入れるという。

菅浦文書は、「惣（そう）」と呼ばれる中世の村人による自治組織が書き残した集落の共有文書群。集落運営の規則を定めた村掟（おきて）や、田地をめぐる隣村との争いを村人が記録した「合戦記」などが含まれ、中世村落の様相を伝える古文書としては、800以上の研究論文などで引用されるなど、全国でも群を抜いて著名な史料となっている。

45年間の保存修理を終え、国宝に指定される木造千手観音立像（京都市東山区・三十三間堂）＝妙法院提供

3月1日(木)付

「やすらい祭」の歌舞 児童披露 北区・紫野小 地域の伝統継承へ授業

京都市北区に伝わる京都三大奇祭の一つ「やすらい祭」について学んだ同区の紫野小の4年生が28日、学習の集大成として囃子(はやし)や歌舞を披露しながら学校周辺を練り歩いた。

やすらい祭は平安時代に始まったとされ、無病息災を祈る。同小では地域の伝統を受け継ごうと、昨年度から地元の保存会を招いた授業を行っている。

児童56人が「やすらい　はなや」の音頭に合わせてかねや太鼓を打ち鳴らしながら地域を歩いた。途中で立ち寄った高齢者福祉施設では、入ると厄よけになるとされる花傘を掲げ、利用者に「健康に暮らしてください」と声を掛けた。

学校近くの玄武神社では、赤や黒の長い髪をつけた鬼役が跳びはねるような舞を披露。八木誠太郎君(10)は「地域の人に祭りの素晴らしさを伝えることができた」と話した。

かねや太鼓に合わせて舞を披露する子どもたち(京都市北区・玄武神社)

3月2日(金)付

春一番に合わせて トロッコ列車再開

(写真右)運転が始まったトロッコ列車からの景色を楽しむ観光客(京都市西京区)
(左)リニューアルオープンした飲食ブース(京都市右京区・トロッコ嵯峨駅)

3月5日(月)付

「滋野井」井桁の移設 除幕式 上京区

京の七名水の一つともされる「滋野井(しげのい)」の井桁が、京都市上京区西洞院通下立売下ルの「京都まなびの街　生き方探究館」玄関前に移設され、4日除幕式が行われた。井戸の名称は付近の学区名の由来になっており、住民らが地元のシンボルの新たな門出を祝った。

井桁は井戸本体とは別の場所にある民家で保存されてきた。花こう岩製で1辺が140～180㌢。今後も地域で大切にしてもらいたいと所有者が地元の滋野団体連合会に寄贈。元滋野中の同館に設置が決まった。

除幕式には地元住民ら約100人が参加した。近くの白峯神宮の神職が祈とうした後、掛けられていた幕が取り払われ、白い玉砂利上の井桁や由来を書いた駒札が披露された。

所有者の1人の山川実さん(66)=宇治市=は「井桁の移設は亡くなった母たちの願いだった。寄贈が実現し感無量だ」とあいさつした。連合会の船野道弘会長(74)は「地域の宝として大切にしたい」と次代への継承を誓った。

除幕された滋野井の井桁に見入る地域住民ら(京都市上京区・京都まなびの街生き方探究館)

3月8日(木)付

職人・匠の廃材、学生が販売し収益を還元

伝統工芸の現場に学びながら職人たちを応援しようと、京都精華大(京都市左京区)の学生有志が「工藝部」を立ち上げた。西陣織や京友禅の工房を見学する傍ら、端切れや試作品の残りなど本来は廃棄される品を収集。学園祭などで販売した収益を、苦境が続く伝統産業の現場に還元するプロジェクトを始めた。

工藝部をつくったのは、同大学デザイン学部の森由夏さん(19)と三宅利佳さん(19)。昨年祇園祭でちまき販売を手伝った際、壮麗な山鉾に「工芸品の塊だ」と感激、制作の現場を見たいと同大学伝統産業イノベーションセンター特任講師の米原有二さん(40)に相談した。京の職人に関する著作を手がける「工芸ライター」でもある米原さんに、工房や職人を紹介してもらって活動を始めた。

部員は6人。これまで西陣織や木漆工の工房など10カ所以上を訪ね、職人に話を聞き、SNS(会員制交流サイト)で発信してきた。先月訪れた京友禅の「池田染工」(右京区)では、型染め67年という綾部長治さん(82)の熟練の手技に見入り、作業の工程や図案について熱心に聞いた。

現場を巡る中、残った端切れや木くずが有料で業者に引き取られていることも知った。部員は、仕事をするほど経済的負担も増える構造を変えたいと、そうした品を集め始めた。京組紐のサンプル、廃番になった商品で使っていた絹糸、神祭具のかんなくずなど素材はどれも良質だった。

秋の学園祭で売り出すと、日本画の表装の材料やコスプレ衣装の素材として学生らが買い求め、完売に。収益約5万円を2月、NPO法人丹波漆(福知山市)へ寄付した。漆の苗木がシカの食害に遭っているという岡本嘉明理事長は「防護ネットの修復、購入費用に充てたい。若い人の気持ちは励みになる」と喜んだ。

部員はさらに、高級ヒノキのかんなくずを入浴剤にするアイデアなど、残り物を循環させるため知恵を絞る。工藝部長の森さんは「商品のデザインを考えたり、企業と幅広く連携できたりしたらうれしい」と意気込んでいる。

◀京友禅の型染め職人から熱心に話を聞く京都精華大「工藝部」の部員ら(京都市右京区・池田染工)

メモ

3月8日(木)付

夜の観光地　情緒に包まれ　東山花灯路、あすから

浮かび上がった幻想的な風情を楽しむ観光客たち（京都市東山区・ねねの道）

3月9日(金)付

大江山連峰トレイル開設　絶景の13ルート　府など

府北部の４市町にまたがる大江山連峰を巡るトレッキングルートが17日、開設される。住民団体と府が「大江山連峰トレイル」と名付けて豊かな自然や文化をＰＲし、国内外の観光客誘致につなげる狙いだ。ルートからは天橋立や雲海、滝、棚田などが望め、ルートマップ販売やガイド養成を行っていく。

大江山連峰一帯は２００７年に誕生した「丹後天橋立大江山国定公園」内にあり、ブナの原生林や紅葉が楽しめ、酒呑童子の鬼伝説にまつわる史跡が残る。

ルート開設は連峰一帯で観光案内などを担う「大江地域観光案内倶楽部」（福知山市）や「大江山鬼っこの会」（与謝野町）など四つの住民団体と府が登りやすい山道を選定。４団体は大江山連峰トレイルクラブを結成し、観光ツアーガイド養成やルートの維持管理を担う。

主なルートは、連峰西の赤石ケ岳（７３６メートル）から最高峰の千丈ケ嶽（８３２メートル）を通り、赤岩山（６６９メートル）に至る「赤赤縦走路」（16キロ）。江戸時代に宮津藩の参勤交代に使われ、石畳が残る「今普甲道」（10キロ）、落差78メートルの七つの滝が連なる今福の滝（宮津市）を通る道など計13ルートを設ける。所要時間や距離を記したルートマップ（５００円）を府内の書店で販売して収益費を登山道補修にあてる。

設定されるトレイルから見える大江山連峰。秋になると紅葉が楽しめる＝与謝野町温江、大江山鬼っこの会提供

17日に開設記念シンポジウムを福知山市大江町河守の大江町総合会館で午後１時から開く。日本ロングトレイル協会（長野県）や地元の関係者らが、トレイル観光の可能性について講演やパネルディスカッションする。翌日は３キロの山歩きやガイド養成講座を行う。

府中丹広域振興局は「大江山連峰の資源を生かして観光による継続的な地域発展を目指したい」としている。

大江山連峰トレイル

3月16日(金)付

夜空焦がす　春の炎　清凉寺・お松明式

大勢の参拝者が見守る中、高々と燃え上がる大松明（京都市右京区・清凉寺）

3月14日(水)付

「京都盲唖院」関係資料、重文に

明治時代初期に開校した国内初の公立特別支援学校「京都盲唖院（もうあ）」の関係資料が重要文化財に指定されることが、このほど決まった。近代日本の障害者教育で先駆的な役割を果たした教材や文書の数々。資料を保管する府立盲学校（京都市北区）、府立聾（ろう）学校（右京区）の教師らは「ゼロから創意工夫で取り組んだ教育内容が評価された」と喜び、資料の活用を模索し始めている。

今に通じる工夫の教材 盲ろう校教師「努力の礎に」

盲唖院は1878（明治11）年に設立。すでに番組小で視覚・聴覚障害向けの教育に取り組んでいた古河太四郎が初代校長を務めた。子どもの障害に応じた教材開発や、海外の先進事例の導入により、基礎学力の習得と、手に職をつけるための職業訓練に力を入れた。

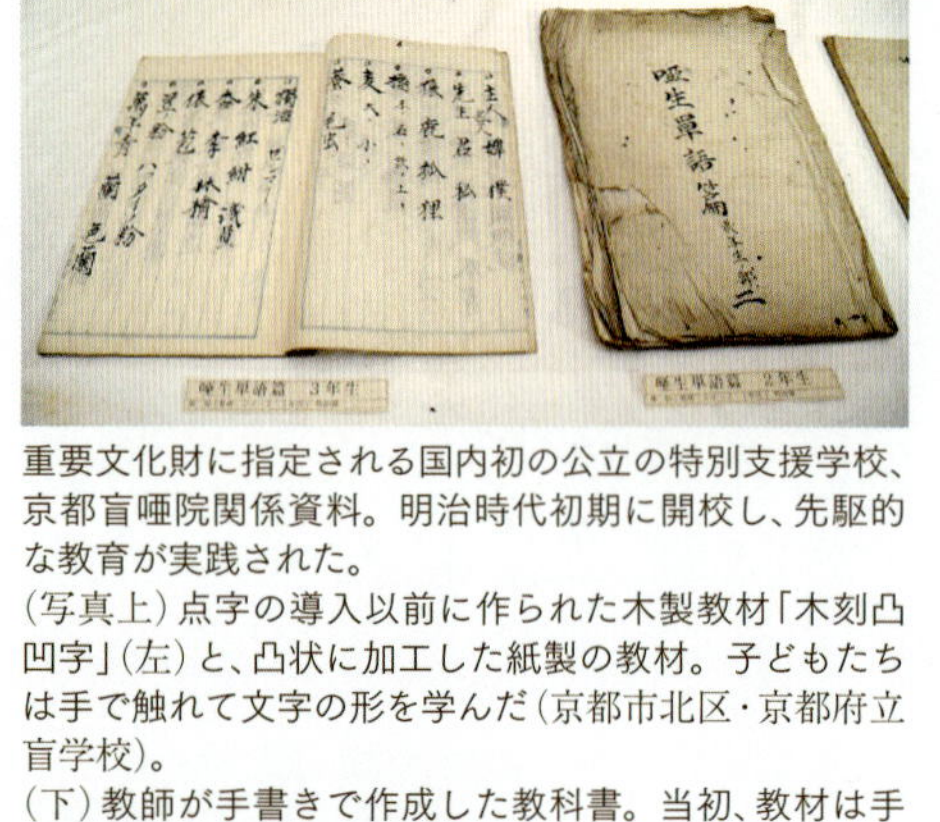

重要文化財に指定される国内初の公立の特別支援学校、京都盲唖院関係資料。明治時代初期に開校し、先駆的な教育が実践された。
（写真上）点字の導入以前に作られた木製教材「木刻凸凹字」（左）と、凸状に加工した紙製の教材。子どもたちは手で触れて文字の形を学んだ（京都市北区・京都府立盲学校）。
（下）教師が手書きで作成した教科書。当初、教材は手作りされた（右京区・府立聾学校）

指定されるのは、板に彫った文字に触れて形を学ぶ「木刻凸凹字」や、米国で考案された口や舌の動きで発音を学ぶ「視話法」の説明図など教材・教具類、開校や寄付に関する文書など多様な計3千点。

背中や手のひらに指で文字を書いて教える盲唖院の授業の様子を描いた「盲生背書之図」や、日本画家として成功した卒業生の作品も含まれる。近代教育史上、学術価値が高いと評価された。

盲唖院は、府立盲学校と府立聾学校の前身にあたる。両校の資料室には、特徴的な教材のほか、学校の歩みを伝えるパネルを展示。事前予約で見学可能で、研究者も利用しているという。

「今回の指定は、子どもの励みや教師の努力の礎になる」と聾学校の酒井弘校長（62）は喜び、「重文を持つ学校に恥じない教育を進めたい」と気を引き締める。

盲学校の中江祐校長（58）は「資料が伝える一人一人にあった教材開発は現在にも通じる。自分たちの教育活動に生かしたい」といい、活用法を探っていくという。

教師が生徒の背中や手に文字を書いて教える京都盲唖院の授業の様子を描いた「盲生背書之図」（京都市北区・京都府立盲学校）

米国で考案された教育法を説明する「視話発音法図」（京都市右京区・京都府立聾学校）

3月17日(土)付

洛北は1・8℃寒い　北山・今出川通で気候に差？
本紙と京都市内6小児童、今冬観測

冬の京都盆地は京都市中心部から北へ行くほど気温が下がり、盆地北端と市中心部では平均で約1・8度の差があることが、京都新聞社と市内6小学校の児童による今冬の観測で分かった。雪が積もった日数は北山通以北、バケツの水が凍った日数は今出川通以北の小学校で多くなり、昔から「通りを『上ル』ごとに寒くなる」などと言われてきた京の街の気候差がデータで確かめられた。

市内の北、上京、中京、下京各区の6小学校に置いた温度計によると、今冬（昨年12月～今年2月）の平均気温は、盆地北端の柊野小（北区）が3・2度で最も低かった。逆に最も高かったのは高倉小（中京区）の5・0度で、1・8度差があった。市中心部の高倉小から北上するごとに寒くなる傾向があった。一方、七条通付近の梅小路小（下京区）は4・5度で、三条通付近の高倉小の方が暖かかった。

また、明け方に観測される日最低気温の平均は柊野小が氷点下0・3度で最も低く、北陸の富山市並みの冷え込みだった。この冬の最低気温は、柊野小が氷点下5・5度、高倉小が氷点下3・1度だった。日中よりも夜間や早朝の方が、南北の気温差は大きかった。

児童が、学校のある日に毎朝調べた積雪日数は、柊野小で8日、紫竹小（北区）で5日だったのに比べ、他校は1日だけで、北山通以北の小学校で急に多くなった。バケツに氷が張った日数も、今出川通より北の4校では20日前後だったが、梅小路小は11日、高倉小は9日だけで、差がはっきり表れた。

柊野小と高倉小は南北に約7キロ離れており、標高差は約60メートル。一般的に標高が100メートル高くなると気温は0・6度下がるとされ、60メートルでは計算上0・3～0・4度程度の差になる。京の1・8度の気温差は標高以外の要因が大きいと推測される。

京都検定1級を持つ気象予報士の吉村晋弥さん（36）＝中京区＝は「京都の狭い範囲にこれだけ気候差があることは驚きだ。大半の人は前日と2度差があると、体感で分かるとされる。京都人が昔から感じてきた寒暖差が裏付けられたと言える」としている。

気温などの観測結果

	今冬平均気温	日最低気温(平均)	最低気温	積雪日数	凍結日数
①柊野小	3.2℃	-0.3℃	-5.5℃	8日	20日
②紫竹小	3.7	0.0	-5.2	5	22
③京都教育大付属京都小中	4.1	0.1	-4.7	1	18
④翔鸞小	4.0	0.6	-4.3	1	17
⑤高倉小	5.0	1.8	-3.1	1	9
⑥梅小路小	4.5	1.0	-3.4	1	11
京都	4.6	1.1	-3.6		
前橋	4.2	-0.1	-5.4		
金沢	3.8	0.9	-4.3		
富山	2.8	-0.2	-5.3		

※各都市の気温は気象庁調べ

観測を行った小学校

各校のおおよその標高
①100m　②80m　③70m　④70m　⑤40m　⑥30m

≪小学校での気温観測≫
京都新聞社は、昨年12月1日から今年2月28日まで、京都市北区の柊野小、紫竹小、京都教育大付属京都小中、上京区の翔鸞小、中京区の高倉小、下京区の梅小路小の6校の百葉箱に、自動で記録する温度計を設置し、1時間ごとの気温を観測した。また、冬休みと土・日・祝日を除く毎朝、児童が、百葉箱の近くでバケツに氷が張った日数と、雪が積もった日数をカウントした。

3月20日(火)付

復元模型で平安京一望
中京・京都アスニーで一般公開

平安建都1200年を記念して作られた平安京の復元模型の全景が、京都市中京区の市生涯学習総合センター（京都アスニー）で常設展示されることになり、19日に報道陣に公開された。これまでは洛中や東山など模型の半分の範囲のみ展示していたが、神護寺、大覚寺などを含め、約400年続いた都を一望できるようになる。22日から一般公開する。

模型は1994年、歴史、考古、建築、地理など各分野の専門家の考証で作られた。千分の1の大きさで、南北10メートル、東西11メートル。新たに常設展示されるのは仁和寺や大覚寺、神護寺など平安京の西や北側の範囲。平安京以前に創建されたとされる上賀茂神社や松尾大社、広隆寺を見ることができる。洛北や洛西の山並みも再現する。

2005年から模型の一部を展示してきたが、広く市民の目に触れるようにしたいと、全景を常設で公開することを決めた。模型製作に携わった市歴史資料館の宇野日出生主任研究員(62)は「平安京が盆地の中に作られた壮大な都だったと実感してもらえるはず」と話している。

全景が初めて常設展示されることになった平安京の復元模型（京都市中京区・京都アスニー）

３月23日（金）付

明治維新
150年

国史跡・具視幽棲旧宅　「観光客来て」
左京・岩倉　「大河」効果期待　観覧内容を大幅刷新

王政復古に尽力した公家・岩倉具視が住んだ京都市左京区岩倉の国史跡「岩倉具視幽棲旧宅」が、観光客向けの施策を拡充している。今年は明治維新１５０年の節目でＮＨＫ大河ドラマ効果も見込まれ、さらなる来館者の増加が期待されている。

公武合体を進めた岩倉は辞官して１８６５年から67年まで同旧宅に身を隠し、坂本龍馬や大久保利通らと密議を重ねた。現在、旧宅には日本建築の主屋のほか、岩倉関連の史料を展示・収蔵する「対岳文庫」や、庭園などが残る。岩倉公旧蹟保存会（現在は解散）が管理していたが、２０１３年に市に寄付した。

16年度からは指定管理者として植彌加藤造園（左京区）が運営し、観光客向けに観覧内容を大幅に刷新。立ち入り禁止だった建物内に上がれるようにし、幕末に岩倉や志士たちが見ていた目線で邸内や庭園を見学できるようになった。

また土、日曜と祝日にはボランティアガイドによる説明も始めた。岩倉の人生や人間関係が分かりやすいと来館者に好評で、ガイドを務める明石忠さん(74)＝中京区＝は「大政奉還１５０年の昨年から関東や九州からも来館者が増えてきた。最近は明治維新に詳しい人も多く話しやすい」と言う。

旧宅では岩倉の古文書を読む講座も継続して開き、地元京都の住民にも親しみやすいよう工夫した。年間５千人程度だった来館者は、大政奉還から１５０年となった昨年は６千人を超えた。学芸員の重岡伸泰さん(46)は「岩倉周辺の観光施設と連携して地域全体の活性化に貢献していきたい」と話している。

▲岩倉具視の旧宅を案内をするボランティアガイド

邸内に上がれるようになり、岩倉具視が見た目線で庭園を眺めることができる（京都市左京区）▶

3月26日（月）付

嵯峨大念佛狂言　地域で守る
清凉寺保存会が寄付金集め

京都三大念仏狂言の一つ「嵯峨大念佛狂言」の春の定期公演が4月から、京都市右京区の嵯峨釈迦堂（清凉寺）で始まる。本来の舞台の狂言堂は一昨年秋から改修工事に入っており、今春も昨年に続き本堂の廊下での披露となる。また改修費の一部は寄付で賄う予定で、鎌倉時代から続くとされる伝統芸能を守り継ごうと、関係者の努力が続いている。

清凉寺の狂言堂は、1901（明治34）年に現在地に移築された。110年以上たち、シロアリ被害や老朽化で柱は腐り、建物全体が約10センチ傾くなど傷みが激しく、倒壊の恐れもあったため、本格的な改修工事が行われることになった。

施工業者によると、工事は現在、約7割が完了した。地域住民らでつくる保存会の案内で、現場作業を見せてもらった。

柱は腐った部分を取り除き、「金輪継」と呼ばれる手法で新しい木を組み合わせ修復。また、全て張り替える予定という舞台の床は真新しいヒノキの板が端から数枚並べられていた。保存会長の松井嘉伸さん(62)が床板の上で飛び跳ね、感触を確かめた。「完成したら振動や音の響きも変わるだろう」と想像する。

（写真右）鬼瓦のひび割れや欠けた部分に樹脂を塗り修理する保存会のメンバーたち（京都市右京区・清凉寺）
（左）真新しいヒノキの床板の感触を確かめる松井さん

嵯峨大念佛狂言は国重要無形民俗文化財に指定されているため、改修費約7200万円の半分は文化庁が補助する。残る費用は寄付などで賄う予定だが、現時点で約500万円しか集まっていない。

このため保存会は、1口500円の寄付で同狂言のポストカード1枚を進呈するキャンペーンを今月15日から始めた。今後、ネットで資金を募るクラウドファンディングも検討するという。

さらに保存会のメンバー自らが、ひび割れたり欠けたりした瓦を樹脂で補修するなど、費用の節約にも努めている。「どんな形でも、修復作業に関われば狂言に愛着がわき、大切に思う気持ちが強くなる」と同会事務局長の加納敬二さん(66)。

同狂言は後継者不足などから、63（昭和38）年に一度途絶えた。しかし、地元の熱心な住民らが75年に保存会を結成し、復活させた。改修に当たって公演の中止も検討したが、歴史を絶やすまいと、本堂の廊下で狂言を続けることを決めた。

「寺の伝統的な年中行事で、毎回、楽しみに訪れる観客もいる。改修が終われば数百年は使える狂言堂になる。公演を今後も続け、次世代にしっかり引き継いでいきたい」と、完成後を見据え力強く語る。

嵯峨大念佛狂言　壬生大念仏狂言、千本えんま堂大念仏狂言と並び、京都三大念仏狂言の一つ。1986年、国重要無形民俗文化財に指定。せりふが無く、面を付けた役者の身振りで芝居が進む。保存会が週1回の練習を続け、定期公演などに取り組んでいる。

寄付した人に進呈されるポストカード

3月25日（日）付

新作劇　華麗に踊り比べ
きょうから「北野をどり」

北野をどりの前夜祭で披露された新作舞踊劇「北野の杜の物語」（24日午後1時半、京都市上京区・上七軒歌舞練場）

3月31日（土）付

ワカメ　潮風に揺られ
伊根で天日干し最盛期

伊根町本庄浜地区の海岸周辺で、天然ワカメの天日干しが最盛期を迎えている。黒光りしたワカメが潮風に揺られ、地域に春の訪れを告げている。

同地区での今年のワカメ漁は14日に解禁。波が穏やかな日の朝、漁師が箱眼鏡を使って海中に漂うワカメを先端がかま状の漁具で刈り取っていく。水洗いした後、海岸一帯に設けた専用の物干しにつるし、2日ほど天日干しにするという。

夫婦で作業を続ける漁業梅垣修一さん（82）とあや子さん（82）は「天候に左右される作業で大変だけど、ワカメを干すと春が来たと感じる」と話していた。

海岸周辺に干され、潮風に揺れるワカメ（伊根町本庄浜）

3月29日（木）付

疏水船　67年ぶり本格復活
大津―京都間、桜楽しむ

大津―京都を結ぶ琵琶湖疏水通船の本格運航を祝うオープニングセレモニーが28日、京都市左京区の田邉朔郎像前の広場であった。この日は京都市内の最高気温が25・5度まで上がり、汗ばむ陽気のなか満開の桜を水上から楽しんだ。

琵琶湖疏水を航行する観光船「めいじ」「へいせい」は、左京区蹴上と大津市の乗下船場を結ぶアルミ製の船で、昨年11月に完成した。春季は3～5月、秋季は10、11月に毎週2～7日運航する。

オープニングセレモニーには、門川大作京都市長や三日月大造滋賀県知事、越直美大津市長ら約60人が出席。67年ぶりとなる本格的な通船復活を喜んだ。

セレモニー終了後、運航事業のためにふるさと納税をした市民ら16人が船に乗り込んだ。今年初の夏日となったこの日、疏水沿いで花見を楽しんでいた大勢の観光客が、水面を優雅に進む船を見送った。29日から本格運航が始まるが、5月までの予約はほぼ埋まっているという。秋季は8月13日から予約を受け付ける。

桜の眺めを楽しむ乗客を乗せて運航する琵琶湖疏水通船（京都市山科区）

3月30日（金）付

吉井勇日記に馬町空襲　歴彩館所蔵
静岡県立大教授が初確認

京都ゆかりの歌人吉井勇（1886〜1960年）の日記に、1945年1月16日の「馬町空襲」についての記述があることが分かった。京都府立京都学・歴彩館（京都市左京区）所蔵の「洛東日録」で、静岡県立大の細川光洋教授（日本近代文学）が初めて確認した。「一睡したりと思ふ間もなく轟然たる爆裂音に目覚む」などと書かれている。文学者による馬町空襲の記述は珍しいという。

轟然たる爆裂音に目覚む
いよいよ京洛も修羅の巷か

戦時下の吉井の日記は歴彩館で長く非公開となっていた。2015年秋から研究目的の特別閲覧が認められ、細川教授が遺族の了解を得て翻刻を進めてきた。

日記はB6判のノート2冊で和漢混交の文語文でペン書きされている。

東山区を襲った馬町空襲の当時、約3キロ離れた平安神宮近くに住んでいた吉井は、午後9時前に就寝したが爆裂音で起こされたと記す。「まさに投弾とおもふと同時に飛行機の爆音。五分ほどして警戒警報。情報は傳へて曰く、敵機京都の北方に在り、轉じて名古屋に向ふと」とある。

翌日には、川柳作家の岸本水府に聞いた話として「昨夜の爆音と同時に煙砂の匂ひを嗅ぎたりといふ。或ひは北白川あたりか」と書いた。また、「聴くところに依れば昨夜の爆撃は五條阪なるよし」と触れ、「いよいよ京洛も修羅の巷か」と強い危機感を示した。

2日後の18日には「聴くところに依れば一昨夜の投弾は九個。死者三十名ほど。爆風のため白井氏宅の窓硝子も壊れたる由。いよいよ戦禍身近に迫るの感あり」と記録。22日には、疎開すべきかを妻の孝子と語ったとあり、24日に「熟考の結果疎開と決定」と、富山県八尾への避難を決める。29日には「京都府下に投弾」とあり、木津川空襲を指すとみられる。

細川教授は「馬町空襲が、吉井の富山疎開のきっかけになったことを示す貴重な資料」と話す。

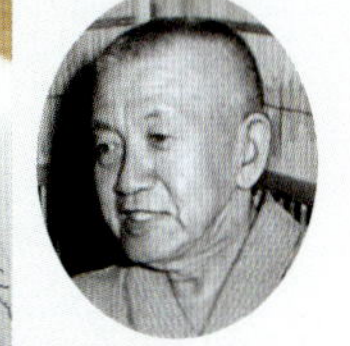
吉井 勇

吉井勇の戦時下の日記。馬町空襲があった1945年1月16日に「轟然たる爆裂音に目覚む」と書かれている（京都市左京区、京都府立京都学・歴彩館）

地域史的にも貴重

馬町空襲に詳しい坂口満宏京都女子大教授（日本史）の話　文学者による馬町空襲の記述は初めて聞いた。市民の日記が表に出ることはほとんどなく、当時の同時代的な受け止め方を知る記録は少ない。文学史だけでなく、地域史においても貴重な資料と言える。

京都ひろいよみ　京都新聞ダイジェスト　Vol.2　2017年10月〜2018年3月

発行日　2018年7月31日　初版発行
編　者　京都新聞社
発行者　前畑　知之
発行所　京都新聞出版センター
〒604-8578 京都市中京区烏丸通夷川上ル
Tel. 075-241-6192　Fax. 075-222-1956
http://www.kyoto-pd.co.jp/book/

印刷・製本　京都新聞印刷
ISBN978-4-7638-0706-9 C0026

2月22日(木)付

色のない世界　刹那の輝き
東福寺本坊庭園(京都市東山区)

うっすらと降り積もった雪でそれぞれ趣が違う庭のデザインが際立った(1月25日、京都市東山区)

うっすらと降り積もった雪が、枯山水やコケの庭、瓦屋根を白く覆った。厳冬の朝、国指定名勝の東福寺本坊庭園(京都市東山区)を上空から眺める。円や三角形、市松模様…。曲線や直線で描かれた斬新なデッサンが浮かび上がった。

昭和を代表する作庭家、重森三玲による近代禅宗庭園で、1939年に完成した。方丈の四方を、趣の違う四つの庭が囲う。

南庭は白砂で大海を表現した枯山水。西庭と北庭は、敷石や植え込みを配して大小の市松模様を図案化した。東庭は生け垣で天の川を表している。

紅葉や新緑シーズンに観光客でにぎわう季節とは違い、冬の朝はりんとした空気が張り詰める。

境内が白く染まるのは年に2、3回程度。それも昼ごろにはほぼ解けてしまう。朝日を浴びたモノトーンの景色は、刹那の輝きを残して消えていった。

(ドローン空撮企画「ソラドリ」より)